華志文化

華志文化

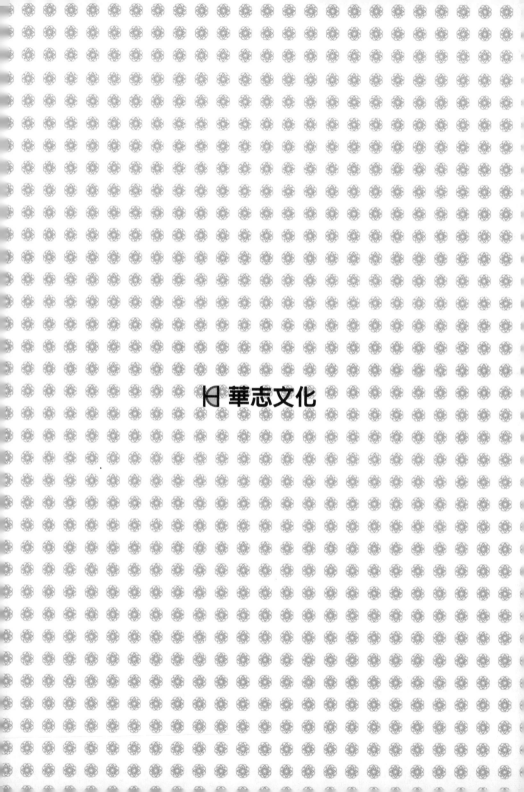

點亮一盞明燈

圓融人生的66個觀念

朱榮智 教授 著

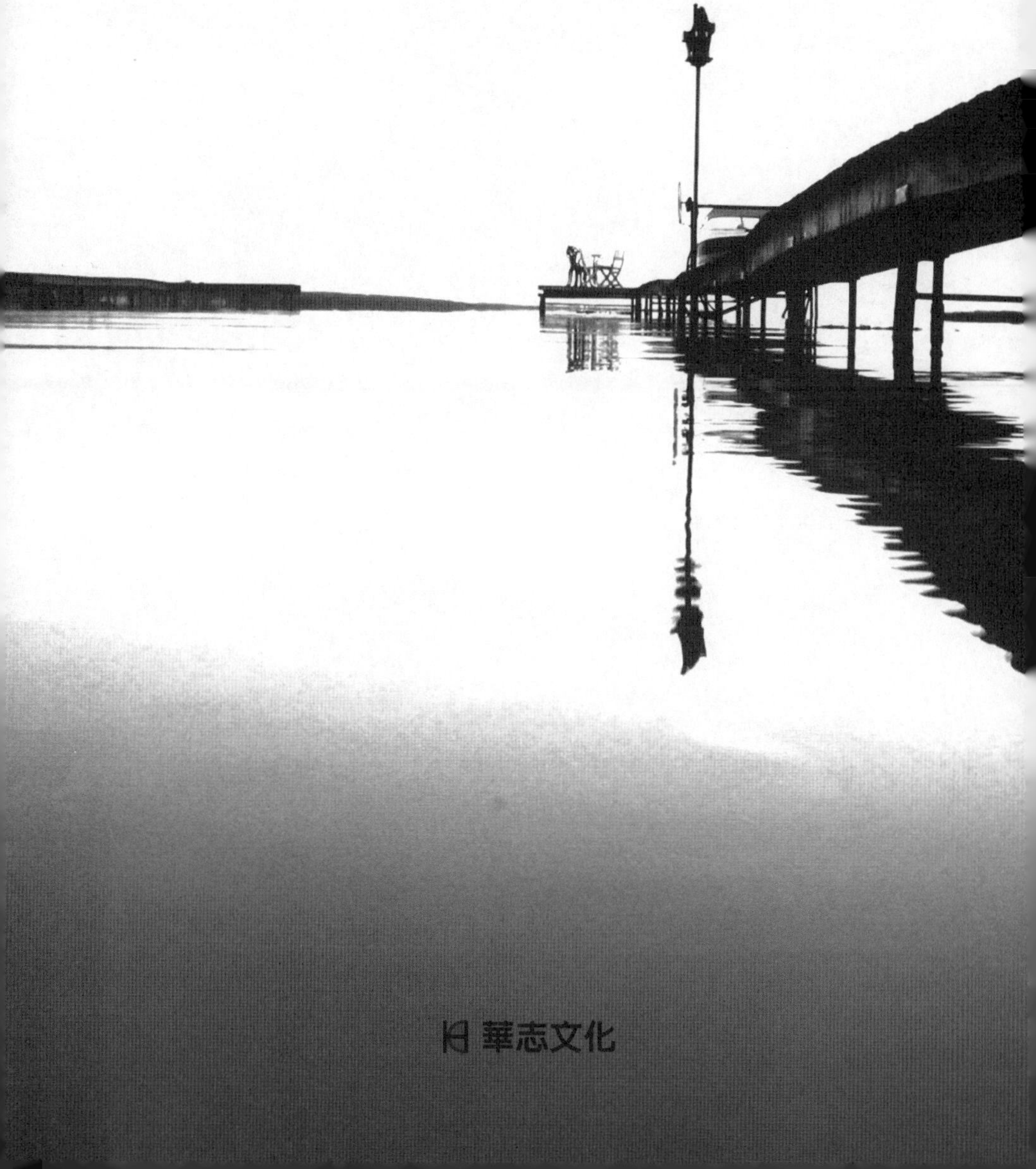

華志文化

自序　點亮一盞人生的明燈

「六」在中國人心目中是個吉祥的數字。「五」為「十」之半，「六」為「十」之過半加「一」，表示多、有餘之意。另外，中國古代的宇宙觀，把天、地、東、西、南、北六個面，組為一個立體，人在大自然這六個面之間，能與這六個面和諧相處，就非常和順安祥、平安幸福。

杜甫詩：「人生七十古來稀」，古人能活到六十六歲已算高壽，一個人活到六十六歲，已是子孫兒媳滿堂，家業興隆。我們一般說「六六大順」，除了身體康順，還包括財務康順、心靈康順、家庭康順、親友康順、工作康順，泛指百事亨通，萬事如意，心想事成，人生圓滿。

生命不只是一種存在，生命追求的是意義和價值。人生百年，不只希望活得健康、快樂，還希望活得幸福、美滿。我們不確定是不是還有來生，至少今生要活得很開心、很瀟灑、很光采。鐘鼎山林人各有志，有人志在高山，有人志在流水，有人希望轟轟烈烈做一番大事業，救世濟民；有人則希望一輩子平平穩穩、順順當當過正常生活，把自己和家人照顧好。不管是前者或是後者，要能兼善天下，必須先能獨善其身，自己都管不好，如何能管到別人呢？

追求圓滿的人生，是每個人共同的願望。我已過六十耳順之年，一路走來，跌跌撞撞，品嚐人生的酸甜苦辣，真有「六十年方知五十九年之非」之嘆。如果人生能夠重新來過，我想我會有不同的選擇，可惜我們只買單程票，不是買來回票，已經走過的歲月不能再「NG」。人生的通關密碼，永遠是不可理解的謎。

雖然如此，我一直很努力向人生問路，我也一直很努力與生命拔河，我希望在生命走到盡頭之前，能求得生活的安頓。這本小書從「人生的真諦」、「人生的理想」、「人生的成功」、「人生的價值」、「人生的自律」、「人生的幸福」、「人生的和諧」、「人生的至真」、「人生的至善」、「人生的至美」、「人生的至愛」等十一個層面，闡述我對人生的理解；每個層面各有六個子題，一共六十六個觀念。期望這是一盞盞人生的明燈，指引有緣的朋友共同走向人生的至境。

每一個人生活在這個世界上，都有自己的一套生活哲學。走過千山萬水，前程又是萬水千山，人生是一條悠悠不盡的天涯路，漫漫人生，我們應該如何去規劃、經營呢？生命的真諦在於因者無畏橫逆的決心與毅力，無中生有，化虛無為真實。我真摯的企盼與千千萬萬的讀者，一起昂然闊步於莊嚴的人生大道，探索生命的真諦，品味美好的人生。

目錄

CONTENTS

第四篇　人生的價值

第五篇　人生的自律

CONTENTS

第八篇 人生的至真

第九篇 人生的至善

CONTENTS

第十一篇　人生的至愛

CONTENTS

第一篇

人生的真諦

人生像回力球，

怎麼出去，就怎麼回來。

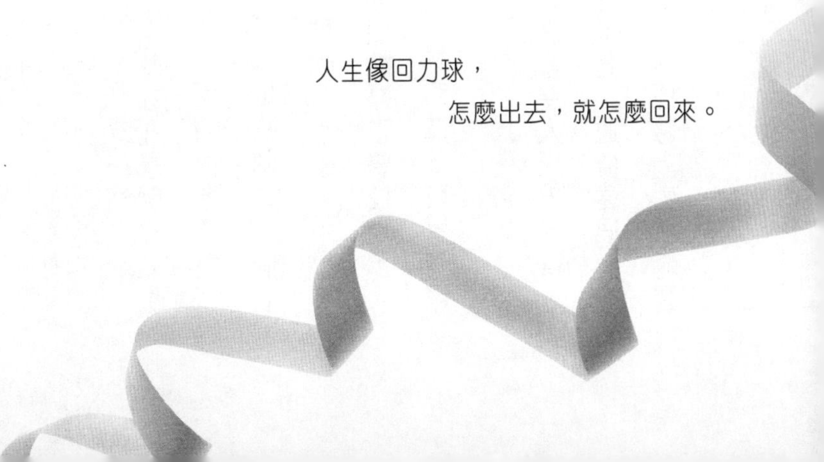

1 人生是一本讀不完的書

人生是一本讀不完的書，從小到大，從生到死，人生隨時都在學習，人生到處都是學問。我們並不是天生就會自己吃飯、自己穿衣服，人的很多能力，都是出生之後，才開始學會的。家是我們第一所學校，父母是我們第一個老師。我們從家庭學到了生活的技能，做人的規矩，到了幼稚園、小學、中學、大學，我們逐步學習更多的知能、技巧、專業、學問；即便離開了學校，步入社會，社會仍然是一所綜合大學。我們從學校學到規矩，我們從社會學到經驗。

世事洞明皆學問，人情練達即文章。不是每個人都有機會進入正規學校，取得學士、碩士、博士學位，但是人生最重要的是生命的學問。通情達理、俯仰自得，才是人生的正解，賺錢是技術，花錢是藝術；工作靠經驗，生活靠智慧。懂得如何賺錢，也要懂得如何花錢。培養工作經驗很重要，涵養生命智慧更重要。

科技改善生活，人文提升生命。生命存在的意義和價值，是我們終生不斷探索的主題。人生有目標，行為就不會有偏差，當我們知道人生何去何從，我們才有努力奮鬥的動力。因此，認識生命的意義和價值，是人生的第一課。

吃飯睡覺是為了生存，生存不只是為了吃飯睡覺。生存要有尊嚴，生活要有品質，生命要有價值。我們對於生命有正確的認知，才能知道我們要什麼、不要什麼？該要什麼，不該要什麼？學習如何生活，是人生的第二課。

有一隻貓在捉老鼠，老鼠很快的就跑進洞裡，貓抓不到老鼠，守候在洞的外面。不久，老鼠的洞裡聽到狗叫的聲音，老鼠以為貓已經走掉了，就安心的跑出來，沒有想到被守候在外面的貓一下子就逮到了。老鼠很無辜的說：「我明明聽到狗叫的聲音，怎麼貓還在呢？」貓悠悠的說：「景氣這麼差，不多學一種語言那有飯吃。」多一種語言，多一隻手；多一種能力，多一種機會。不怕沒有機會，只怕沒有能力。

以前我唸中學的時候，老師在我畢業紀念冊題辭：「保持現狀，就是落伍。」後來我在大學執教，學生要我送他們鼓勵的話，我會寫：「進步少，就是落伍。」今天科技的發展，日以千里，不只保持現狀就落伍，進步少就落伍。

學不可已，學習是一輩子的事，學分修得完，學問修不完；學位已告一段落，學問才正開始。在教室裡，老師有老師的身分，學生有學生的身分，離開了教室，人在天地之間永遠都是學生。人以自然為師，天地是我們共同的教室，我們在天地這間大教室中，努力勤學，好好用功吧！

2 人生是充滿驚嘆號

人生是充滿驚嘆號！我們每天眼睛一張開，就是一個新生命的開始。世界瞬息萬變，我們不知道下一分鐘會發生什麼事？人生如棋局，每下一步棋就會有不同的結果；人生如三叉路口，每一條路徑，都會有不同的風景。

千金難買早知道。每次樂透開獎的時候，一定有很多人捶胸、跺腳，為什麼幸運之神擦身而過，幸運號碼只差一個數字、兩個數字，如果多買一張，如果選對號碼，生命一定就改觀。

多年前，我曾經在一個星期天的中午，到台北市仁愛路福華飯店喝喜酒，因為去早了，我就樓上樓下閒逛，看上一串瑩石手串，因為價錢沒有談好，當下沒有買到；喝過喜酒之後，我再去看那串瑩石手串，也因為價錢問題而沒有成交。第二天我看聯合報有一則新聞，標題是廣州兩顆夜明珠天價，所謂夜明珠是指瑩石而有璘光。我當下心想也許我看上的那串瑩石手串，就是夜明珠，如果我買到，不就賺翻了嗎？於是我立刻從師大坐計程車到福華飯店。

可是到了福華飯店，我怎麼也找不到前一天所見的飾品攤位，問了一位賣衣服的專櫃小姐，她說那個賣飾品攤位昨天已經下櫃，那位小姐看見我失望的表情，安慰我說，也許福華飯店的管理單位有那位賣飾品小姐的電話資料。果然我從福華飯店的管理單位得到了那位賣飾品小姐的電話號碼。半小時之後，那位小姐出現在我面前，那串瑩石手串也成了我現在的珍藏之一。

如果我不去福華飯店喝喜酒，我不會看到那串瑩石手串；如果我不是第二天看到聯合報刊載廣州兩顆夜明珠天價的消息，我不會又去福華飯店；如果不是那位熱心的小姐告訴我可以問福華飯店的管理部門，福華飯店的管理部門也同意給我賣飾品小姐的電話號碼；如果賣飾品小姐沒有接到電話，或是那串瑩石手串已於前一天賣掉。如果不是以上的種種如果，我沒有機緣看到那串手串，買到那串手串。這就是人生，人生真是充滿驚嘆號。

有一天，我從台北市和平東路台灣師大坐計程車到松山機場，要搭飛機到馬祖演講。一路上都是綠燈，沒有遇到紅燈。到了松山機場，計程車司機向我道賀，說我運氣很好，我也覺得很開心，大概省了兩、三跳的車資。沒想到一進了機場，發現牆上的跑馬燈顯示，馬祖因霧太濃，飛機停飛。雖然省了兩、三跳的車資，我一趟計程車是白跑了。

人生是一連串的驚嘆號，有得有失，有苦有樂。所以，得意的時候，別太高興；失意的時候，也不必太憂傷。

3 生命是一種態度

每一個人對自己的生命，都有自己的看法。有的人認為人生是彩色的，有的人認為人生是黑白的；有的人對人生充滿希望，有的人對人生充滿失望，甚至是絕望。人生數十年，說長不長，說短不短，我們雖然不是擁有很多，但絕不是一無所有，每個人都可以玩幾回人間遊戲。每個人手中都有一些籌碼，有些人慢慢的玩、慢慢的享受，有些人卻孤注一擲，一下子就把美麗的人生玩完了。

生命是一種態度，就像我們戴著黑色的眼鏡，所看到的景物，就都是黑的；我們戴藍色的眼鏡，所看到的景物，就都是藍的。把人生當成苦差事，則無事不苦，無時不苦；把人生當成快樂的享受，則無事不樂，無時不樂。我們見到許多慈善團體的義工，出錢出力，一般人看他們是傻瓜，是自討苦吃，可是他們卻能樂在其中；我們看到許多年青學生，富境富裕，卻不學好，不長進，酗酒、鬧事、鬥毆、搶劫，一般人看他們應該是很幸運的，他們卻非常苦悶，因為「人在福中不知福」。慈善義工不以苦為苦，何苦之有？行為不良的青少年不以福為福，何福之有？

生命的態度，決定生命的高度。一個人的成就，在於一個人的心胸；一個人的學問，在於一個人的器識。人有多寬，世界就有多寬。一個人自認為會成功，往往就能成功；一個人自認為失敗，往往就會失敗。成也自己，敗也自己。

人常常不是因病而死，人常常是給自己嚇死的。吃五穀雜糧，沒有不生病的，生、老、病、死，人沒有不會老，不會死的，但是很多人不能壽終正寢，走的非常安祥，主要因為不能善待人生、善待自己。

人生是揮霍不起的，活著的每一個日子，我們都要算計得很清楚，就像窮苦人家，每一分錢都要算計清楚，不能浪費。過一天就少一天，不是過一天還有一天。有一位成功的企業家，在他的傳記裡說：「所謂工作天，從昨天晚上開始。」前一天晚上，別人睡了，他還在工作；今天早上，別人還在睡，他已經起床工作，因為付出比別人多，所以成就比別人大。有積極的態度，才有積極的事業。

在一個不景氣的年代，百業蕭條，很多公司、工廠都倒閉了，只有一家公司的業務，仍然蒸蒸日上。記者很好奇的去採訪這家公司的總經理，總經理說：「沒有不景氣，只有不爭氣。」生氣不如爭氣，爭氣才能神氣。很多人只是在賭運氣，只有很少人在修福氣，修福氣的人，才能得到福氣。

生命雖然有限，但是我們仍然擁有不小的空間，人生這一齣戲如何演出？我們是編劇、導播，兼演員。成功的人是不斷要求自己的人，一個愈能要求自己的人，是愈能成功的人，我們實在沒有時間、沒有必要自怨自嘆。機會留給準備好的人，只怕自己沒有能力，不怕沒有成功的機會。

4 生活是一種習慣

生命是真實的存在，一天就是一天，一年就是一年，我們不能把一年濃縮為一天，也不能把一天延伸為一年。在我們的生命中，每一天、每一月、每一年，都有我們應做的事、想做的事。作為一個人，從出生到老死，人人都有許多應做的事，這些應做的事，包括一個對自己、對家庭、對社會、對國家的責任。人是為責任而生，有責任才有成就，成就是一個人終生奮鬥的指標。每一個人對自己的責任，有的很清楚，有的很不清楚，不清楚自己責任的人，固然不能善盡自己的責任；很清楚自己責任的人，如果不能努力實踐，也是無法善盡其責任。

在人的一生裡，每個人都有不少想做的事，這些想做的事，有的是可以做的，有的是不可以做的；有的是做得到的，有的是做不到的；不可以做、做不到的事，固然不必說，可以做的、可以做得到的，也未必人人都做到。

命好不如習慣好。任何事情的成敗，除了靠努力，還要靠運氣，努力不一定成功，不努力一定失敗，沒有人是只靠運氣就能成功的。買樂透的人希望中大獎，買樂透的人不一定能中大獎，但是不買樂透的人，一定不能中大獎。如何使美夢成真？行動、行動，還是行動。

當然，行動要有目標、有方向，而且要有決心和毅力。盲目的躁動，是於事無補的，三心兩意，見異思遷的人，是不會成功的。不能專一心志，不能經得起挫敗的打擊，愈挫愈勇，屢仆屢起，是與成功絕緣的人。

先總統蔣公在〈行的道理〉一文說，行的要件是要有起點、有順序、有目的，而且是經常的、恆久的，力行不怠，這樣才能完成我們的志業和理想。人生是永不止息的奮鬥過程，走過千山萬水，前程又是萬水千山，小成功，小滿足，大成功，大滿足，人生一直在尋尋覓覓，一直在接受挑戰。

成功的人都有一個共同的人格特質，就是不做沒有準備的事。凡事豫則立，不豫則廢。事前有充分而完善的準備，然後循序漸進，又有堅強不拔的毅力，不達目標，絕不放棄努力，這樣的人沒有不成功的。

生活是一種習慣，有好的習慣，不只自己從容自在，別人也樂與相處。生活的習慣是多方面的，除了工作的習慣，還有起居、飲食、穿著、談吐……等等方面。我們常常是求於別人者太多，求於自己者太少；原諒自己太多，原諒別人太少。每人有每個人的生活習慣，如果不影響到別人，倒也無妨，問題是我們和別人都難免有或親或疏的關係，除了盡量培養自己生活上的好習慣，改正不好的習慣，對別人的生活習慣，則要盡量包容、寬待，才不會發生不愉快的事。懂得不要求別人的人，是人格成熟的人。

5 希望是活力的泉源

有一天我在師大校園遇見一個學生，這個學生很有禮貌的向我打招呼，並且自我介紹，他是師大體育系四年級的學生，他一年級上過我的國文課。遇到這麼有禮貌的學生，我心裡當然很欣慰，我問他說：「你還記不記得上我的課，印象最深刻的一句話？」他說：「老師曾經說過，一個人可以失望，不可以絕望，這句話印象最深刻。」我拍拍他的肩膀說：「不錯，不錯，你是有希望的。」

在我們的生活中，難免會有令我們失望難過的事，俗話說：「人生不如意事，十常八九。」雖然未必如此悲觀，但是每天都會有一些不愉快的事發生，應是不爭的事實。我每天吃飯的時候，最不喜歡看電視新聞，因為在電視新聞中，天天都有兇殺、搶劫、車禍等血腥鏡頭，或是世界各地發生的水災、火災等等天災人禍，令人看了觸目驚心，內心不舒服，影響吃飯的心情。

《易經》有六十四卦，最後一卦是未既卦，表示這個宇宙一直是處在變動之中，天地萬事萬物的生命都還沒有完成、了結、還在持續進行。這個世界本來就未曾圓滿周全，正因為這個世界未曾圓滿周全，才值得我們努力奮鬥。天下事一長一短，長得漂亮的人未必有錢，有錢的人未必健康，健康的人未必聰明，聰明的人未必漂亮。筆者從事教育工作三十多年，一直強調眾生平等，坐在教室裡的學生，不管是漂亮的、醜的；聰明的、笨的；有錢的、窮的；成績好的、差的；人人平等。得天下英才而教，固然是人生一樂，而能把壞學生教好，不是更有成就感嗎？

天不生無用之人，每個人的能力不同，每個人的成就不同。所謂成功，是每個生命的自我完成，不是當總統、當總經理，才叫成功；一個負責任的清道夫、泥水匠，受人敬重，一樣是他們的成功。中國人敬重的是一個人的尊貴而不是權貴。每一個人能夠認識自己、接受自己、看重自己、成就自己，就能發揮自己的生命價值。

路是無限的寬廣、生命是無限的可能。每個人對自己的未來都要懷抱信心、懷抱希望。每天早晨眼睛一張開，就是一個新生命的開始，每一天都充滿挑戰，只有不努力的人，才沒有成功的機會。買樂透的人不一定中樂透，不買樂透的人一定沒有機會中樂透。買樂透是花小錢買大希望，買樂透的目的，不只為了中大獎，也是為了買運氣。

青年雙手，無限希望。人生是有限的，我們只有有限的生命、體力、財富、能力，但是只要有希望，我們就可以在有限中追求無限，把有限的生命、體力、財富、能力，幻化成源源不絕的活力、能量。

6 快樂是人生的第一要義

追求幸福快樂的人生，是每個人的共同願望。我們每天眼睛一張開，從早忙到晚，汲汲以求的，就是希望過著平平安安、快快樂樂的生活，可是很遺憾，很多人不知道什麼是真正的快樂？也不知道怎麼樣才能得到真正的快樂？

人類的生活分物質生活與精神生活兩大主體。吃飽喝足是人類基本的物質生活，但是人類的生活，不只是為了吃飽喝足而已。富足安樂的生活，是我們共同的希望，還有人追求更多的財富，更大的權勢。一般人眼中的大富大貴，是指賺很多的錢，做很大的官，其實真正的富貴，並不是指看得見的錢財聲勢，而是內在生命的富足寬厚、愉悅舒適。

一個俯仰不怍，問心無愧的人，頂天立地、氣象干雲，是天下最富足、最尊貴的人。從前有一位貧窮的哲學家在大樹下沈思，尊貴的君王走到他的面前，驕傲的說：「哲學家，我能幫你什麼忙嗎？」哲學家回答說：「你唯一能幫的忙，就是請站開一點，不要遮住我的陽光。」人到無求品自高，一個不求於人的人，是最尊貴的人；一個不取於人的人，是最富足的人。

快樂是不假外求的。有一首佛家的偈語：「到處尋春不見春，芒鞋踏遍嶺頭雲。歸來笑拈梅花嗅，春在枝節已十分。」快樂是內心的自足，快樂是自我價值的肯定。

一般人費心的向外尋求快樂，結果是愈走愈遠，不但是捨易求難，甚至是捨本逐末。西方有一句諺語：「名利如海水，愈飲愈渴。」孔子說：「仁遠乎哉？我欲仁，斯仁至矣！」快樂也是如此；快樂不是對外物的追求，功名富貴並不能給人帶來真正的快樂。我們從世俗得到的富貴，是一時的、短暫的滿足，可是卻未必能常久，也未必有求必得。有人一夕之間成為億萬富翁，有人一夕之間傾家蕩產，窮苦潦倒，名利如潮水，起起伏伏。

孟子說：「欲貴者，人之同心也。人人有貴於己者，弗思耳！人之所貴者，非良貴也，趙孟之所貴，趙孟能賤之。」別人可以請你當總經理，也可以不請你當總經理，能不能當總經理，不是自己決定的，而是別人決定的，把快樂的權利建立在別人的身上，是很危險的，很不確定的。

真正快樂的人，是捨得、施得的人，而不是求得、貪得的人。為什麼有些人滿心歡喜？為什麼有些人滿臉愁苦。求不完、苦不完，貪求無厭的人，一定是滿臉愁苦的人；相反的，能夠捨得、施得的人，是有福氣的人，是滿心歡喜的人。

另外，勇於盡責的人，是快樂的人；逃避責任的人，是痛苦的人。肯面對現實的人，是快樂的人；不敢面對現實的人，是痛苦的人。每個人的責任不同，凡是能勇敢面對現實，盡心盡力，開發生命潛能，造福人群的人，一定是開心快樂的人。

第二篇

人生的理想

生命不是一種等待，而是一種期待，因為樂觀進取，所以明天會更好。

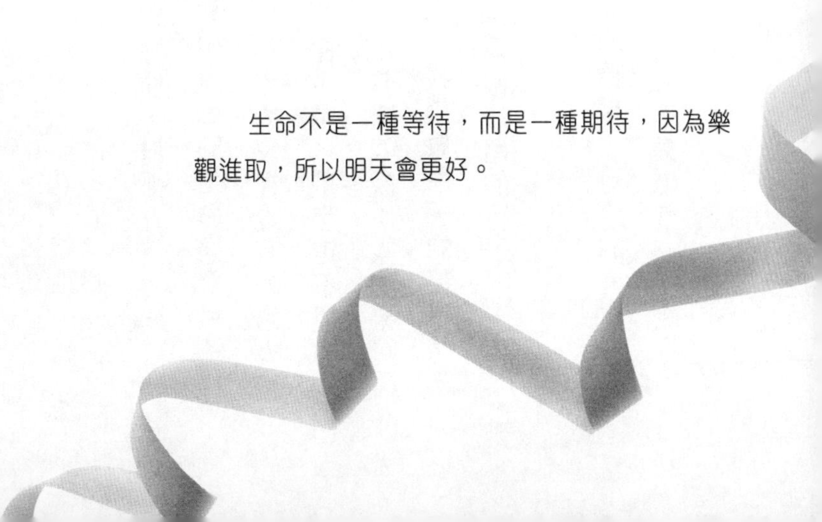

7 生命是一種期待

人生苦短。生命不滿百，常懷千歲憂，古人服丹求神仙，但都難免一死。有一位母親，不幸死了兒子，非常的悲傷哀痛，寧願用自己的生命換取兒子的再生，老天爺說：如果妳從住家的街頭走到街尾，有一家的家裡沒有死過人的，我就讓妳的兒子再生。誰家沒有死人呢？生、成、住、滅，是宇宙不變的定律。從前齊景公登上牛山，看見齊國山河景色壯麗，不禁嘆氣說：人如果可以不死多好。身邊兩個臣子附和說：不只國君不想死，我們做臣子的都不想死。晏嬰聽了，笑著說：今天我看見一個懦弱的國君，兩個諂媚的臣子。人如果都不死，國君的位子，還會輪到齊景公嗎？

生、老、病、死是一種自然現象，就像春夏秋冬的循環，日夜的變化一樣。人生有代謝，往來成古今。「萬里長城今猶在，不見當年秦始皇。」歲月悠悠，潮起潮落，百年的大限，任誰都逃不過的，即便今日科技的發達，已有不少超過一百歲的人瑞，但是一般而言，能夠活到七十、八十歲，已是遐齡高壽了。

人來自自然，回歸自然。死亡路上，眾生平等，我們雖然不能長生不老，但是我們可以珍惜所有，全力以赴。我們雖然不是擁有很多，但不會是一無所有。每個人手中都有一些籌碼，可以玩幾回人間遊戲。

有錢，只是有有限的錢。千萬、億萬富豪，比起一般窮苦人家，雖然擁有很多的金錢，但比起全世界整體的財富，也只是微不足道，更何況財富的定義，不只是金錢而已，個人的健康是財富，和諧的家庭是財富，良好的人際關係是財富，在財富的定義中，金錢只佔第四位。

有錢有有錢的好處，有錢也有有錢的壞處；沒錢有沒錢的壞處，沒錢也有沒錢的好處，正如沒錢有沒錢的煩惱，有錢也有有錢的煩惱。錢要多少才夠，不滿足的人，再多的錢也嫌不夠。

人生多苦難。人生沒有這個苦，則有別的苦。處理了今天的問題，明天還有明天的問題。我們不要怕有問題，要怕沒有解決問題的能力，我們唯一能做的事，不是乞求不要有問題，而是努力增加自己對抗問題的能力。天災與人禍，常是無可避免的，但是我們可以小心注意，可以未雨綢繆，預先防範，把傷害減到最小。

面對生命的無奈，人生不是一無作為。生命不是一種等待，而是一種期待，因為樂觀進取，所以明天會更好。

8 人是為理想而生

人生在世，數十寒暑，說長不長，說短不短，人活著總要有一些目標，人生才有意義，這些促使人去奮鬥的目標，便是人生的理想。理想，是人生存在的價值；理想，是人生奮鬥的動力。沒有理想，人與禽獸無別，人不配稱為萬物之靈，不配主宰大地；沒有理想，而對苦難的人生，人將失去求生的勇氣，人將缺乏向命運抗爭的鬥志。

美國心理學家馬斯洛「動機需求」的理論，他認為人生理想的五大需求，第一是生理的需求，如滿足飢渴的問題；第二是安全的需求，如避免痛苦、焦慮等；第三是歸屬的需求，如熱情、親密、團體的認同；第四是自尊的需求；第五是自我實現的需求。在人生的每一階段，都有不一樣的理想的追求，從最基本的生理需求，到最高層次的自我實現，隨時都可能發生在每一個人身上，在取捨之間，不同的人會有不同的表現。

人是靠理想活下去的。一個人失掉了心，就失掉一切；人的心，就是人的理想。丟了錢，丟了一些東西；沒有了愛情，丟掉的東西更多；失掉了心，什麼都沒有了。人生不是要什麼，就能擁有什麼，真實的人生，往往事與願違，老天很喜歡作弄世人，有時略施小惠，給人佔一些便宜，而多半的時候是徒勞無功，功虧一簣。但是，人不會因為老天喜歡作弄世人，就束手無策，人與老天對峙的時候，有時也會放手一搏，即便傷痕累累，也無怨無悔。

人生的可貴，是人常常不甘心認輸，不輕易放棄理想。人對理想的堅持，往往使不可能的事變為可能，使美夢成真。許許多多的科技發明，在幾百年前都可能只是個幻想，今天卻已逐一實現。

人在天地間，飄忽不定，不是歸人，只是過客。但是人並不因為生命的無常，就放棄希望、放棄努力。資源有限，創意無限，人常能運用有限的資源，因為對理想的追求，而將成就變得無限。人生的偉大，在敢於接受上天的挑戰，即使人在上天面前多半是輸家，因為對理想的堅持，而樂在其中。

父母給我們生命，自己給自己力量；人的潛力是無限的，人為了理想的追求，可以放棄一切，犧牲一切，而集中全部的精神與力量，在所專注的理想上面，不達目的，絕不終止，即便遭受各種的波折、衝擊，仍能不離不棄，奮鬥到底。

人是為理想而生，人也是為掌聲而活。沒有人願意成為失敗的可憐蟲，而是願意成為人人敬重、愛戴的成功者。所有成功者都是滿懷理想的人，都是築夢圓夢的人，成功不會憑空而得，在追求成功的過程中，必然有許多的困厄、橫逆、險阻，紛至沓來，流血、流汗，甚至會犧牲性命，但是在最後贏得勝利時，親友與世人的掌聲，就是最大的回報；築夢成功，就是最大的喜悅。

9 懂得割捨是人生的智慧

以前我們生活在貧窮的年代，沒有東西吃，父母常會告訴我們，晚上早一點睡，因為睡過了一天，就多活一天。在沒有東西吃的年代，有得吃就好，然後要求吃飽、吃好、吃巧，現代人吃東西，還要講求情調、氣氛。

求不完，就苦不完。《莊子．逍遙遊》：「鷦鷯巢於深林，不過一枝；偃鼠飲河，不過滿腹。」鷦鷯鳥棲息在樹林，整片樹林，牠只要一棵樹的一枝樹枝；偃鼠到河裡喝水，整條河浩浩蕩蕩，牠只能填滿小小的肚子而已。人的欲望是無限的，沒有的時候，希望有，有還希望更多。怎麼樣才夠？對於不滿足的人來說，再多都嫌不夠。

人生最難的是抗拒誘惑，看見百貨公司美麗的服飾，餐廳的美食，總是很難克制自己。抗拒誘惑最好的方法，就是不要去接近它，「不見可欲，使民心不亂。」看見誘惑，沒有不動心的。人生就像兩手已各自拿了東西，如果想拿第三樣東西，必須先要放下一樣，才能拿起另一樣。

捨得捨得，能捨才能得，有捨才有得，能在難捨處能捨，才能在難得處有得。天下沒有不勞而獲的事，沒有白吃的午餐，任何願望的實現，都不會是天上掉下來的禮物。「一分耕耘，一分收穫」，雖然是一句被說得陳腔濫調的成語，但是真理永遠是真理。「捨」，就是付出；「得」，就是回報。沒有付出，就沒有回報。也許我們有一天會很幸運在地上撿到十元，但我們不會天天都很幸運在地上撿到十元。我們要天天有十元，有更多的十元，就要天天不斷的努力，有付出，才有回報；有付出，就有回報。

人生常常處在兩難之間，很難做決定。天下事一得一失，一利一弊，瞻前顧後，左右為難，得與失，利與弊很難兼顧，我們只能利取其大者，弊取其小者；得取其多者，失取其少者。問題是我們是不是有大智慧分辨什麼是真正的利、真正的弊，真正的得、真正的失，而不會以弊為利，以失為得。

「不要拿明天的烏雲，遮住今天的陽光。」人無遠慮，必有近憂，未雨綢繆，當然是很好、很重要的思維，但是過度的憂慮，反而會亂了分寸，張皇失措，不能平允而正確的處理事情。物有本末，事有終始，知所先後，則近道矣！處理任何事情，貴能抓住本末先後的秩序，急其所急，緩其所緩，才不會本末倒置，不知輕重。

我們常常因為要求太多，不能得到滿足，所以很痛苦。懂得不要求的人，才是快樂的人。做人很難不要求，但是可以少要求。家裡的房間再大，堆滿雜物，仍嫌擁塞。不只房間會有很多雜物，我們的心靈也有很多雜念、妄念、欲念，懂得把內心的雜念、妄念、欲念，消除乾淨，就是天下第一有智慧的人。

10 知足是人生最大的財富

人生的欲望是很難滿足的，走路的人希望有車代步，有小車子的人希望有大車拉風，有國產車的人希望有進口車神氣；租屋的人希望擁有自己的窩，住小房子的人希望換個大房子，擁在城市公寓的人希望搬到郊外的小別墅……人生的種種欲望，就像坐一山，望他山，有還要更多，不珍惜自己已有的，而要去奢求自己未有的，甚至羨慕別人擁有的，以為別人擁有的比自己多、比自己好。

今天科技的發展，日新月異，各種新奇的產品，不斷的推出，流行的服飾，精緻的出版品，令人目不暇給，貪得無厭，一個人如果不能自制，不能量力而為，過度貪求，可能拼命的追逐求取，不達目的，絕不終止，甚至為達目的，不擇手段，以致害人害己，不只帶給別人與自己的痛苦，也帶來很大的災禍。

我們所想要的東西很多，我們所需要的東西很少，我們只要一點點食物，一點點水，就能存活下去，很多人卻貪求不已。我們有十個、八個家，一天只能住一個家；我們的住家有一百坪、二百坪，躺下來只要三尺、六尺而已。

《老子》第二十九章：「聖人去甚、去奢、去泰。」「甚」、「奢」、「泰」，都是過分的意思。凡事偏了都不好，人對欲望的追求，要適可而止。《老子》第二十六章：「雖有榮觀，燕處超然。」雖有華美豐富的物質享受，要能夠泰然處之，超然於物欲之外，不為物欲所拘。人為本，物為末，人要役物而不役於物，人要為物的主人，不能成為物的奴隸。

「知足常樂」、「知足者富」。有錢不是福，知足才是福。有錢的人而不知足，實在不如一個知足的窮人。錢要賺多少才夠？不知足的人，賺多少錢都不夠。一個人不必伸手向別人乞憐，就是富者。富是有餘的意思，錢要有用才有價值，銀行裡存款一萬元和一千元，從某個意義來看，相去不遠。一個人住三千萬元的豪宅，而銀行貸款一千萬元，另一個人住六百萬元的房子，而銀行存款三百萬元，我們很難驟下判斷，誰是真正的富者。

知道滿足的人，才能真正得到滿足的快樂。一個人快樂不快樂，幸福不幸福，錢是很重要的因素，但不是最重要的因素，更不是唯一的因素。有錢當然很好，有錢可以買很多東西，可以出國旅遊，也可以捐款助人，但是，錢可以買很多東西，卻不能買一切東西，不是任何東西都可以用金錢買來。

一個人最大的滿足，不是來自物質的享受，而是精神上的愉悅和順，我們常常為了忙於物質上的追求，在漫漫的人生大道，有許多的勝景、美好的事物，因為行色匆匆，全都來不及一一瀏覽、品味，十分可惜。

11 道德是生活的實踐

國父孫中山先生曾說：「有道德始有國家，有道德始成世界。」一個人的成敗，一個家庭的盛衰，一個國家的興亡，盡繫於道德，道德的重要，由此可見。國父在講民族主義的時候，特別指出，我中華民族之所以能屹立於世界五千餘年，而不為外族所滅亡者，以其道德之高於人，故大而能容，剛而不屈。國父認為我們要恢復民族的地位，除了大家聯合起來，做成一個國族團體以外，最重要的，就是要把固有的舊道德恢復起來。

他說：「一般醉心新文化的人，便排斥舊道德，以為有了新文化，便可以不要舊道德。不知道我們固有的東西，如果是好的，當然是要保存，不好的才可以放棄。」

英國學者李約瑟在所著《中國之科學與文明》一書中，也認為，中國數千年來，雖有朝代的轉換，外族的侵略，內亂的頻興，但是社會生活的基本形式是相當永恆的，這完全因為中華文化有穩固性，有其超越的特質，有其深厚的基礎。李約瑟所指的中華文化的穩定性、超越的特質、深厚的基礎，簡單的說，就是傳統的道德觀念。

中國傳統的道德觀念，強調人與人之間如何和睦相處，享受和諧快樂的生活。《孟子．滕文公上》：「（舜）使契為司徒，教以人倫。父子有親，君臣有義，夫婦有別，長幼有序，朋友有信。」可見中國在上古時代，就已經知道利用教育的方式，來教養人民做人的道理。

道德就是生活，離開生活，就沒有道德可言。道德是一個人的行為規範，當然是在生活中才呈現出來。另外，道德離不開人群，魯賓遜一個人飄流到荒島，跟誰談道德呢？

佛家講道，道家講道，儒家講道，基督教也講道。在宗教家和哲學家的眼中，道是一個抽象的念，包括宇宙生命的原理，以及做人做事的道理。所以，道有二義，一是指具體的路，如馬路、高速公路，引申指人生所應行之路，世路崎嶇，人生應何去何從？另外，道也指抽象的理，如「大學之道，在明明德。」一物有一物的理，一事有一事的理，引申指人生所應循之理。今天的社會所以這麼混亂，是很多人玩遊戲而不守遊戲規則，行車不守交通規則（理），當然就容易發生車禍。

德是行道而有所得。國父把中國傳統的舊道德，歸納為忠、孝、仁、愛、信、義、和、平等八德，先總統蔣公在民國二十三年提倡新生活運動的時候，又提出禮、義、廉、恥等四維，以相配合。這些德行，都是一個人立身處世最重要的生活準則。

宋代學者陸象山說：「我雖不識一箇字，也要堂堂正正做箇人。」人在天地間最重要的責任，就是做一個好人。一個有錢有勢、有學問的人，如果不能堂堂正正做一個好人，他對社會、國家，甚至全人類的危害，將是非常的嚴重。

中國傳統道德，是中國的立國精神，是中國文化的根本。中華文化，源遠流長，博大精深，它不但是我國立國精神之所寄，更是國脈民命之所繫，而中華文化的特質，在於傳統的道德觀念，這套觀念是「致廣大而盡精微，極高明而道中庸」，是「放諸四海而皆準。」

12 教育是理想的發揮

人生有夢最美，人是靠希望活下去，人是為理想而生。理想是人支撐承當苦難的力量泉源，面對充滿憂患的人生，人所以能夠堅持到底，不輕言放棄，主要是來自對未來的期望。因為明天有機會會更好，所以今天就算是有再多的挑戰、磨練、挫敗、沮喪，仍然咬緊牙根，硬撐下去。

一場明知道會打輸的球賽，球員怎麼會有信心、有力量的賣命拼搏呢？因為勝負未卜，不到最後一秒鐘，難以分出高下，這樣的球賽才緊張刺激、扣人心弦。人在上帝面前，誰先放棄，誰先失敗。一個沒有理想的人，是沒有希望的人，一個沒有理想的人，是沒有動力的人。放棄理想的人，注定是失敗的人。

教育的功能，除了提供知識，也在於培養能力。知識的學習，是經驗的累積，是把前人的經驗，化成自己生命的養料；能力的培養，則除了訓練做事的能力，也包括精神意志的涵養。任何事情的成功，知是一回事，行是另一回事，知道怎麼去做，還貴在身體力行的工夫。成功之道，不在於知道多少，而在於做多少。

有理想是很重要的，努力去實踐理想更重要。教育使我們知道理想的重要，以及學習如何規劃理想，而更為重要是培養我們實踐理想的能力。有心還要有力，有心想成功、想追求理想，是不夠的，還要有能力去追求理想，完成成功的目標。

教育讓我們真確的認識自己，了解自己能做什麼？不能做什麼？教育教我們如何開發潛能，邁向顛峰。人類的潛在能力，難以評估，很多人沒有機會藉由教育發現自己的潛能，以至造成人才資源的浪費；當然，也有很多人不清楚自己能力的限制，而徒勞無功，白費力氣。

追求理想，要有決心，要有毅力，但不是蠻幹衝撞，而是要確立目標，有計劃，按步驟，有充分的準備，循序漸進，才能水到渠成。學習追求理想的方法，也是教育的重要功能。我們透過教育的學習，研究別人成功的經驗，並且培養實現理想的能力。

人生理想的追求，是一條漫長的大道。小時候有小時候的理想，長大有長大的理想，年輕力壯、中老年人，也有各自不同的理想。我們一生不會只有一個理想，我們一生有不同的理想，教育培養我們各種的能力，並且累積各種的經驗，我們的理想有多少，我們的教育就要有多少。

第三篇

人生的成功

天總是黑到最黑才開始亮，成功總是歷經許許多多的失敗打擊，才出現契機。

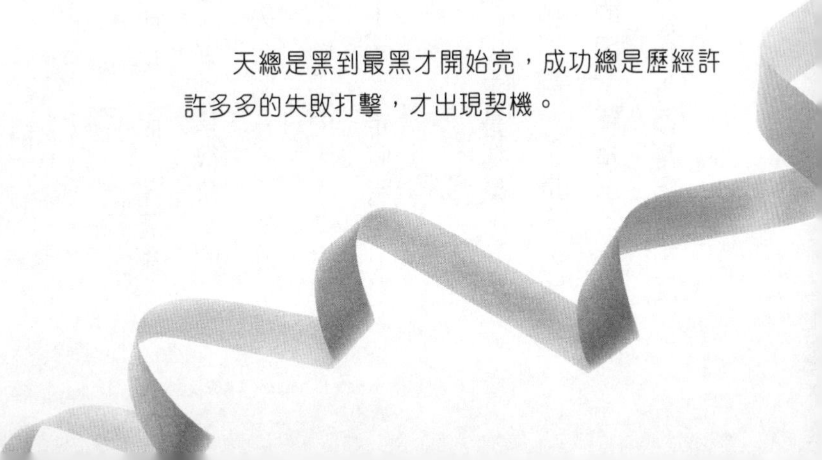

13 成功用自己的版本

臨淵羨魚，吃不到魚。很多人只會羨慕、嫉妒別人的成功，而徒呼負負，抱怨自己的命不好、運欠佳、長相難看、人緣很壞。其實，老天是很公平的，老天不會把所有的好處都給一個人，而把所有的壞處給另一個人。「金無十足，十無十全。」每個人都有一些長處，也都有一些短處，聰明的人不一定漂亮，漂亮的人不一定有錢，有錢的人不一定健康，健康的人不一定聰明……。我們每個人都要勇敢的去面對而且接受真實而不完美的自己。

成功的人不是運氣好，而是比別人更多的努力；失敗的人不是運氣不好，而是努力不夠。我們在各種頒獎典禮中，聽到頒獎人的感謝辭，都是謝天謝地、謝謝他們的長官、同事、家人，成功的人都把成功的因素歸給別人，其實，最大的功臣是他們自己，如果自己不盡心盡力，他們能拔得頭籌嗎？相反的，我們看到所有的失敗者，都是怨天怨地，自怨自嘆，抱怨老天不幫忙，別人對不起他。

懂得自省的人，才會是成功的人。「失敗為成功之母。」一個名叫失敗的母親，不一定能生出名叫成功的兒子，除非他的父親名叫反省。不能反省的人，不足以談人生。成功或失敗，都是有原因的，求人不如求己，把希望寄託在外物、別人身上，是很危險。天有不測風雲，自然界的無常變化，不是我們能依靠的；人的變化也很大，靠山山倒，靠人人老，唯一可靠的就是自己。

人生有三個階段，起先，我們以為我們是張三，是李四，是很有錢的郭台銘、張忠謀，是最漂亮的名模、電影明星林志玲、翬俐；其次，我們發現我們並不是有錢的郭台銘、張忠謀，也不是漂亮的林志玲和翬俐，最後我們才發現我們原來是自己。人貴自知，很多人不敢承認自己是誰？很多人一直欺騙自己是郭台銘、或是林志玲。能夠認識自己、接受自己、發展自己、成就自己，最後才能享受自己。

每個人在這個世界上都是獨一無二的，每個人都有自己獨特的人格特質，我們並不必刻意的去模仿別人，東施效顰，只是惹人笑話而已。曾國潘〈家訓〉：「凡大家名家之作，必有一種面貌、一種神態，與他人迥不同。」不只作文是如此，一切事業的成功，都要有自己的版本。

郭台銘之所以為郭台銘，是因為他不去模做王永慶、施振榮，他做他自己，他走他自己的路，如果郭台銘一意模倣別人，那就不會有今天的郭台銘了。所謂成功，是每個生命的自我完成，不是人人都要當總統、當院長、當總經理、當董事長才是成功。尺有所短，寸有所長，各有各的功能，能當院長的人去當院長，是他的成功；不能當院長的人，而要勉強去當院長，就不會是他的成功。在一個公司裡，有各種職位的人，不會是每個人都當經理、總經理。各個職位的人，盡忠職守，分工合作，才是整個公司的成功。

我們常常給自己設定的框框卡住了，我們常自以為自己只能做什麼，不能做什麼？其實每個人的潛力無限，只是懂不懂得開發而已。成就靠技術，成功靠態度，別再懷疑，相信自己，You can do it！

14 成功是拼出來的

想成功的人，才能成功，但不是想成功的人，就能成功，成功不是用想的，也不是用說的，而是用做的。成功是做出來的，不是說成功就能成功，想成功就會成功。我們一般人的毛病，總是想的多、說的多、而做的少，如何才能成功，道理人人都懂，可是不是每一個人都肯下苦工夫，朝成功之路邁進。

天下沒有白吃的午餐，沒有不勞而獲的事，一分耕耘，一分收穫。任何一件事情的成功，就像完成一項工程建設，一項工程要一百個工作天，做一天和做九十九天，都是失敗者，所以，對於任何理想的追求，要嘛不做，要做就要努力做成功，不要半途而廢。

君子不自限。沒有人能限制我們的成就，只有自己限制自己的發展。有心就有力，吾心信其可成，移山填海的事都有可能成功；吾心信其不可成，反掌折枝之易難成矣。不去做的事，再簡單的事都做不到，想去做的事，一步一步的努力，總有成功的一天。不怕路長，只怕腿短；不怕山高，只怕志不高。

小時候學游泳、學騎腳踏車，都是從喝水、摔跤中學得的能力。懂得如何游泳、如何學會騎腳踏車的知識，並不等於就會游泳、會騎腳踏車，一定要自己親自嘗試，從各種失敗的經驗中，逐漸領悟箇中的技巧。

所有的失敗，都是通往成功的必經之路。不經一事，不長一智，成功的人並不是沒有失敗，而是能夠記取失敗的教訓，從失敗的經驗中，研究改進，最後終於贏得成功。打敗失敗，才不會被失敗打敗。所有成功的人，都是在面對挫敗的時候，屢仆屢起，愈奮愈勇。雖然「屢戰屢敗」與「屢敗屢戰」同一個事實，但是後者卻能呈現不服輸的志氣與勇氣。

天總是黑到最黑才開始亮，成功總是歷經許許多多的失敗打擊，才會出現契機。挖一口井，不管挖多深，在沒有挖到井水之前，都是一口廢井。因此，凡事堅持，凡事忍耐，勝利是屬於最堅忍的人。

沒有經過寒冷的冬天，怎麼看得到春天的美景，「不經一番寒澈骨，焉得梅花撲鼻香。」每個人一生都有不少美夢，如何才能使美夢成真呢？行者恆至，為者常成。我們不能只是羨慕別人的成功，我們必須付出應有的努力，皇天不會辜負有心人，小努力，小成功；大努力，大成功，成功不會是天上掉下來的禮物。只要有明確的目標、周詳的計劃、持續的努力，堅定的信心，一定是成功在望。成功，留給準備好的人。

15 企圖心是成功的密碼

企圖決定版圖，格局影響結局。一個人的心有多寬，世界就有多寬。路是無限的寬廣，但是路是靠人走出來的，行者常至，為者常成。不怕路長，只怕腿短；不怕山高，只怕志氣不高。志氣要比山高，只要有心、用心，有力、盡力，天下無難事。

人生像一場馬拉松賽跑，不是看誰第一個衝出去，是看誰第一個跑到終點。如果把人生比喻為一題數學演算題，在加加減減的過程中，重要的是看誰最後得到的是正數而不是負數。人生的帳是算總帳，不只爭一時，更要爭千秋。

想成功的人，才能成功。一般人都不甘於平凡，總覺得人生如果過得太平凡，人生就沒什麼意思，尤其是年輕人，更是珍惜一生難再的青春，不願意青春留白，即使不能轟轟烈烈有一番作為，也要跌跌撞撞，讓生命留下美麗的回憶。能夠凌駕非凡，何必屈就平凡，這種不甘於平凡的心，就是企圖心。

沒有天生的贏家，沒有人天生就是不凡。不凡的人是不斷與生命拔河的人，是希望向命運之神多要求一點的人。立志容易勵志難，很多人都希望擁有不平凡的人生，可是不是每個人都願意為此付出代價。天下沒有不勞而獲的事，想要有美麗的人生，除了有宏偉的抱負，堅苦卓絕的決心和毅力是不可缺的。

成功是人人欣羡的，但是成功不是想有就有的。當年法國巴律西改造瓷器，一再失敗，弄得傾家蕩產，最後把房子拆了，家具當柴火燒了，幾近瘋狂的地步，這才成功地改良成精美的產品。

人是靠理想活下去的。一個人失掉了心，就失掉一切，人的心就是人的理想。老天很喜歡作弄世人，有時略施小惠，給人占一些便宜，只花一點努力，就輕易的得到很多財富和名位；而多半的時候，人生是空忙一場，即便看是垂手可得的勝利，結果卻是功虧一簣，徒勞無功。人人都有很多理想，理想的不能實現，不全然是不夠努力，有時是命運不濟，上天不肯幫忙。

人生的可愛可貴，是人生雖然充滿挑戰，隨時有失敗的可能，但是因為人的堅持，努力不懈，終於贏得勝利的成果。世事的棋局，勝負難料，不到最後，不知究竟。所以除了要有強烈的企圖心，還要有堅定不移的信心和毅力。

合理的要求是訓練，不合理的要求是磨練。平靜的海，訓練不出第一流的水手。在追求理想的過程，難免會有許多意想不到的障礙。「千磨萬擊還堅勁，任爾東西南北風。」一個人能練就一身武功，才能到處仗義行俠。

人活著就是為了爭一口氣。我們不是輸不起，而是不服輸，儘管在上天面前，我們常常是輸家，但是人貴立志，我們要有不服輸的精神，而且要有強烈的企圖心，追求更和諧、更圓滿的人生。

16 專家是真正的贏家

成功是靠能力，不是靠運氣，專家才是真正贏家。有的人運氣好，常常會抽到大獎，但是絕不會每次都抽到大獎，靠山山倒，靠人人老，靠機會更是靠不了。雖然說小富由儉，大富由天，我還是寧可腳踏實地，逐步努力，而不期望一步登天，一夜致富。「守株待兔」、「為虎拔刺」的寓言故事，都是在告訴我們不會天天都有好運氣，求人不如求己，更何況是求天呢？

萬貫家財，不如一技在身。錢是花得完的，一身的技藝，才是源源不絕的財富。「機會留給準備好的人」，「不怕沒有機會，只怕沒有能力」，一再強調能力的重要。要想成為一個有用的人，一定要使自己成為有能力的人。

今天是凡事講求分工合作的時代，尤其是愈精細的高科技，愈是需求頂尖的專業人才。唯有能成為頂尖的專業人才，才能不會被取代、被淘汰，不能走在時代的尖端，跟著潮流的腳步挺進的人，「在優勝劣敗，適者生存」的現實環境中，是非常辛苦的。

聞道有先後，術業有專攻。每個人立身處世、安身立命都要有一個專長，作為謀生的能力。沒有專長的人，只能做勞力的工作，既辛苦，又只有很低的工資；有專長的人，才能有比較好的工作環境，只要勞心，就有很高的報酬。

台灣從早期的農業社會，走向輕工業社會、電子工業社會，以至今天的微電腦工業社會，進步非常快速，政府對人才的需求，也日亟殷切。經歷和學歷同等重要，很多MBA的課程，提供給工商企業界主管進修的機會；各種在職進修班，也鼓勵在職的人員，多一張文憑，多一種能力，多一種機會。

登高望遠。「欲窮千里目，更上一層樓。」爬得愈高，才能看得愈遠。能力愈強的人，才有愈多表現的機會。現代的人不只要有一種專業，甚至要求第二專長、第三專長，才能於第一個專長沒有機會表現時，還可以有機會發揮第二專長、第三專長。

有能力的人，才能成為成功的領導者，專家是企業的領航員，因為有能力的專家，才能預見未來的潮流，才能掌握當前的趨勢，才能為公司、企業的永續經營，描繪出美麗的願景。有能力的專家，是先知先覺者，以他們的先知先覺，帶領公司、企業的其他人員，邁向正確的途徑。

專家的職責，除了規劃與執行，也要能夠研發和品管，這是整個企業團體面對競爭、自我成長，非常重要的環節。專家得到優渥的報酬，是理所當然的，因為他為公司、企業的努力與貢獻，是非常大的，流汗播種者，必然歡欣收割。

17 機會不敲第二次門

成功的人找機會，失敗的人等機會。等機會的人，沒有機會；創造機會的人，才永遠有機會。俗話說：「機會不敲第二次門。」我們不知道什麼時候會有機會，機會常常一閃而過，如果不能及時把握，就會錯失良機。我們不能心存僥倖，以為放棄這一次，還會有下一次；心存僥倖的人，凡事不能當機立斷，這種人很少能有大作為。

一步登天，一夜成名，這是天方夜譚的傳奇。在真實的生活裡，總是一點點、一滴滴，聚小成功而有大成功。等待平步青雲，扶搖直上的人，很少能如願以償。年輕朋友剛成家的時候，都希望擁有一個屬於自己的窩，可是有限的存款，老是趕不上飛漲的房價，一年年都在失落的痛苦中掙扎。如果能夠有計劃的儲蓄，先買便宜一點的房子，再逐步調換高房價的住宅，擁有一個甜蜜的住家，並不是遙不可及的夢想。只怕是好高鶩遠，非得要有漂亮的大房子，否則寧可不要，而漂亮的房子，又非自己能力所及，於是只能自怨自艾，徒呼負負。

很多人都同意：「計劃永遠趕不上變化。」人是兩條腿，錢是四條腿，等到我們存夠了錢買二百萬元的房子，房子可能已經漲到三百萬元。雖然如此，我們不能放棄努力、放棄希望，只有不努力的人，才永遠沒有機會成功。等待，像一根繩索綑綁我們的心志，等待幸運而放棄努力的人，是最不聰明的人。

人生偶而可以有一兩件幸運的事，但不會每次都很幸運，天天都很幸運。等待想佔便宜的人，結果一定是會吃虧。真實的人生，是平實的人生，是規規矩矩的人生，不是投機取巧、等待機會的人，可以得逞的人生。該怎麼樣就怎麼樣，人生是別無選擇的。

我們不怕沒有機會，只怕沒有能力。有人請我們去當總經理，我們不能說：「對不起，我還不會當總經理，等我學會如何當總經理，我再來當總經理。」等到你學會如何當總經理，總經理的位子，早已給別人拿走，輪不到你了。因此，我們不用自怨自歎沒有機會。只怕肚子裡沒貨，不怕有貨賣不出去。

有能力的人，是不會被埋沒的，一顆真的鑽石，到那裡都會發光發亮，即便一時失意，也不必因此失志。此地不留人，自有留人處，想作官也沒有作官的人，為什麼不能自己創業，一樣可以一展長才。多一種能力，多一種機會，能力愈強，機會愈多，千萬不能因為一時失意，就自暴自棄，放棄努力。

機會永遠留給準備好的人。人生的經驗，是日積月累而成，多經一事，多長一智，一面做一面學，準備好的人，隨時都有機會，沒有機會，也可以創造機會。

18 堅持是成功的不二法門

我們常常會有念頭想做一些事，可是卻遲遲沒有付諸行動，一蹉跎，幾年的時間就過去了。歲月是不饒人的，一天天，一月月，說沒有，就沒有了，多少的青春壯志，空留白首的惆悵與無奈。少年十五二十時，青春年華是人生生命最旺盛的階段，可是很多年輕人卻讓韶光空白虛度。

華屋、轎車、學位、社會地位……都是所有的人夢以求的理想，這些理想的追求，都不是一蹴可及，也不是一夜之間就能美夢成真。任何一個目標的達成，都是要一步一步腳踏實地，努力辛勤耕耘，最後才能開花結果。沒有付出的人，怎麼會有回報呢？只有一點點努力的人，怎麼會有豐碩的成果呢？我們往往不是沒有機會，而是沒有能力；我們往往不是沒有能力，而是不夠努力。

老天是很公平的，天下沒有不勞而獲的事。不肯付出的人，一定沒有回

報，即便有一時的僥倖，也不可能有永遠的幸運，只有勤於工作的人，才能享有富足的人生。羨慕別人有錢、有地位、有學問是沒有意義的，除非自己能以別人的成就為標竿，像別人一樣的奮力不懈，甚者，比別人更加倍的努力，否則，理想永遠只是幻想，美夢難成真。

在努力的過程中，挫折、失敗的打擊是難免的。人生像一場馬拉松賽跑，不是看誰第一個衝出去，是看誰第一個跑到終點。很多人說不要輸在起跑點，我認為更重要的是要贏在終點。

做任何一件事，像一個工程，一個需要三年才能完成的工程，只是剛剛開工，或是已經進行了二年、二年半，一樣都還未能完成工程，五十歲與一百步，相去不遠。任何事情，要嘛不做，要做就要做成功，不要半途而廢。一口井不管已經挖了多深，在還沒有挖到井水的時候，都仍然只是一口廢井。

拿破崙曾說：「勝利屬於最堅忍的人。」玩梭哈橋牌的人，誰先放棄，誰先失敗，不到最後一刻，難見高低。小的理想，小的挫折，大的願景，大的困難，沒有任何事情不會有煩惱的。法鼓山聖嚴法師說：「我們常說人生不如意事，十常八九，那麼，遇到不如意的事，不正如我們所意呢？」人生本來就會有問題，沒有這個問題，就會有別的問題，解決了這個問題，還會有別的問題發生。我們不怕有問題，怕沒有解決問題的能力，怕沒有堅定的信心和毅力，不能堅持理想，努力不懈，不達目的，絕不終止。

所有的失敗，都是通往成功必經之路。不經一事，不長一智，我們不要怕失敗，只怕不能從失敗中記取教訓，一敗再敗，終至喪失繼續奮鬥的勇氣。堅定的信念，持續的努力，是一切事業成功的不二法門。

第四篇

人生的價值

人的價值，要在人群之中才能獲得肯定，一個有愛心、有耐心，肯奉獻犧牲的人，才能獲得大家的尊敬和愛戴。

19 尊重是人生的第一堂課

眾生平等。雖然有人出身豪門，天生富貴，有人家境清寒，貧無立錐之地；雖然有人天縱英才，出將入相，權傾一時，有人一介平民，胸無大志，平淡一生；雖然有人天生麗質，面貌姣好，身材美妙，有人相貌平庸，身體多病，愁苦過日。人生百態，林林總總，不勝描述。但是，老天是很公平的，老天不會把所有的好處都給一個人，所有的壞處都給另一個人；同時，天下事一得一失，有錢有有錢的好處，有錢有有錢的壞處，沒錢有沒錢的壞處，沒錢也有沒錢的好處，其他諸如權力、美貌、健康……無不如此。

因此，每個人要很清楚自己有什麼？自己沒什麼？要很珍惜自己所擁有的，也要很坦然接受自己所欠缺的。我們不必歡慕、嫉妒別人擁有的，也不必輕視鄙賤別人所欠缺的。我們要平允、客觀的看待自己，看待別人。尊重是人生的第一堂課，沒有人可以因為沒有錢，長得難看，而被看不起。

坐頭等車的，未必是頭等人。有錢的人可以坐頭等車，有德的人才是頭等人。當然，坐頭等車的未必不是頭等人，我們希望坐頭等車的都是頭等人。有錢不是壞事，有錢除了可以滿足自己的享受，還可以實踐許多的理想，可以救濟需要幫助的人。做大官的人更不是罪惡，官位愈大，責任愈重，做官的人令人羨慕，做官的人也最為辛苦。

不是每個人都長得漂亮，可是每個人都可以活得漂亮。長得不漂亮不是自己的責任，活得不漂亮則是自己的責任，沒有人可以被輕視、看不起，只有不長進、不願意努力活得漂亮的人，才會被輕視，被看不起。

活得漂亮，不是要賺很多錢去整型、整容，或是做多大的官，經營多大的事業，光宗耀祖，炫耀親友。活得漂亮是活得自在的人，是善待生命、善待人生的人。人生數十寒暑，死亡路上無老少，也不分貴賤貧富。每個人手中的籌碼，雖然多少不一，有人多，有人少，有人條件好，有人條件不好，但是多多少少都可以玩幾回人間遊戲，都可以憑藉自己的因緣，過幾天、幾年、幾十年快樂的生活。

人生有苦有樂，善待自己，才能善待別人，沒有一個自己不快樂而能使別人快樂的人；沒有一個委曲自己而不委屈別人的人。尊重就是看重，看重就不會看輕。除非自己看重自己，否則，別人不會看重你；除非自己看輕自己，否則別人不會看輕你。能看重別人的人，一定也是看重自己的人。做人從看重自己、看重別人開始，尊重是人生的第一堂課。

20 誠懇是真情的流露

人貴真誠。真誠是人的本性，初生的嬰兒不識無私，柔弱沖和，純任自然，嬰兒的純真無邪，討人喜愛，沒有一個人不喜歡嬰兒的，沒有一個人會捨得傷害嬰兒，捨得嬰兒受到傷害；能夠像嬰兒一樣純真自然的人，也一樣人見人愛，人人喜歡，人人捨不得傷害他，捨不得他被傷害。

做人貴在實在，有什麼說什麼，有什麼做什麼。我們中國人從小就教導要有禮貌，要講客氣，結果和別人交往，多不敢流露真感情，到朋友家裡作客，朋友正在吃飯，自己明明還沒有吃飯，卻騙說已經吃過了。西方人在這一方面就坦率真誠多了，喜歡就說喜歡，不喜歡就說不喜歡，不會掩飾欺騙。

待人處世，以誠懇為貴，誠懇才厚實，誠懇才實在，誠懇才不虛偽，誠懇才不造假。一個待人處世都很誠懇的人，一定是令人敬重的人。令人樂於親近、樂於交往的人；相反的，一個表面上很客氣，實際上卻是敷衍、虛偽、欺騙、造假，這樣的人，他的西洋鏡遲早會被識破，會被人敬而遠之，不敢、不屑與之親近。

誠是統攝眾德之源，誠是盡性的過程，誠是人性的真情流露，誠是至真、至善、至美。誠與真、善、美同義。誠是本性的自然，每個人天生的本性都是真誠、真實、不虛驕、不狂妄、自大，人所以會虛驕自大、欺騙不實，都是長大之後，受到外界不良風氣的習染。孔子說：「性相近，習相遠。」就是這個意思。

社會是個大染缸，近朱則赤，近墨則黑。尤其受到不好的朋友的慫恿唆使，慢慢的養成了壞習慣。當然，欺騙的行為，最初是為了逃避現實，不敢面對現實，後來是為了得到一些不正當的利益，就開始造假蒙騙欺詐。真誠的心被污染、遮蔽，就像烏雲遮住了陽光，灰塵蒙住玻璃。

生命是一種修持，我們很難自外於群體社會，人無所逃於天地之間，我們怎樣才能常保一顆清明的心、真誠的心呢？大地蒙塵是隨時存在的，家裡的房間、地面兩三天不擦拭，就會有一層塵灰，神秀禪詩：「身是菩提樹，心是明鏡台。時時勤拂拭，莫使惹塵埃。」塵埃無以避免，只能時時勤拂拭。

今天的工商業社會，五光十色，目不暇給，各種的刺激誘惑，紛至沓來，難以拒絕。經不起誘惑的人，一定就會迷失本性，沈淪墮落，待人接物不能誠懇真實。君子有所為、有所不為，堅持對真理的執著，掌握大是大非的精神，自能撥雲見日，展現真誠實在的自然本性。

21 利他是生命的價值

利己是生命的基調，利他是生命的價值。每個人都有私心，這是很正常的，人不為己，天誅地滅。儒家思想所以能成為中華文化的主流，主要是儒家思想最合乎人性。愛人從自愛開始，沒有一個不愛自己的人，會去愛別人。墨子講兼愛，耶穌講博愛，都是理想，孟子主張「老吾老以及人之老，幼吾幼以及人之幼。」與孔子主張「己立立人，己達達人。」都是推己及人的功夫。愛從自己出發，好好愛自己，好好疼惜自己。

做人不能沒有自己，做人不能只有自己，當一個人心裡有別人存在的時候，表示一個人人格成熟的開始。小孩子心裡只有自己，沒有別人，他想吃的東西，不管別人吃了沒有，要不要吃；他想玩的玩具，不管父母有沒有錢買，如果不能順他的意，就哭、就鬧。長得愈大，愈能體會人生的不完美，愈能體諒別人，愈能自我克制。

每個人從出生到老死，都是直接或間接從別人得到好處，我們除了享受權利，也應該盡一些義務，我們的能力愈強，我們愈能幫助別人。一個人生命的價值，不在於得到多少，而在於付出多少。所謂生命的價值，就是我們的生命對別人有價值；當有人對你說：「有你真好。」你就是有價值的人。所以，做個有價值的人，就是做個有用的人。

古人有三不朽之說，「太上立德，其次其言，其次立功。」所謂不朽，簡單的說，就是活在別人的心裡。孔子、孟子至今還活在我們的心裡，孔子、孟子不朽矣。我們的親人、好友，心裡常常掛念著我們，我們也會常常掛念自己的親人、好友，這就是生命的價值。

做一個人要走到那裡，令人想念到那裡，不要走到那裡，令人埋怨到那裡，這就是人生追求的目標。人死的時候，不是什麼東西留給棺材，而是什麼東西留給歷史。我們都是哭著出來，我們希望笑著回去；父母親友都是笑著迎接我們，我們希望他們哀傷地為我們送別。

人生有目標，行為就不會有偏差。我們每天汲汲營營、勞勞碌碌，到底所求為何？一個人想要的東西很多，需要的東西很少，我們只要一點點食物、一點點水，就能存活下去，錢夠用就好，多了只是拿來炫耀別人。我們不是不求名，名求萬世名；我們不是不求利，利計天下計。

每個人從小努力讀書，長大努力工作，目的是為了改善生活，改善自己的生活，改善家人的生活，改善社會大眾的生活，甚至是全人類的生活。當我們能力愈強，貢獻愈多的時候，也就是最有成就的時候。

22 關懷是人性的光輝

人是群居的動物，人在天地間，不是獨立存在的個體，人與人之間，是互相依存，互相信賴，互相提攜，互相關懷。在成長的路上，沒有一個人會是順順當當，無風無雨的，有的遭逢時代的變局，飽嘗戰爭的禍害；有的遭遇家庭的不幸，痛悲父母的喪亡；有的身罹死疾，一生行動不便。……這些人間最為悲愴難忍的惡運，當然不會發生在每一個人的身上。不過，任何一個人在一生當中，總有一些不如意、不順當的事。當一個人有了問題，有了困難的時候，他最需要的，就是別人所伸出的友誼的手，充滿愛心與關懷，及時給予最適切的幫助，也許是物質上的支援，也許是精神上的慰藉。

不是每個人都有能力處理自己的問題，儘管很多事情都必須自己去解決，但是一個人要做決定的時候，總會有許多困惑和疑慮，需要別人開導、安慰、分析、諮商。幫助別人，不是只限於物質方面，很多時候別人需要我們的幫助，只是一句鼓勵的話，或是一句安慰的話而已。不是每個人都有錢，但是每個人都有愛；不是每個人都缺錢，但是每個人都需要愛。給人關懷，給人安慰，給人信心，給人力量，就是愛的表現。

人是很孤單的，即使是一個非常堅強的人，也有其柔弱的時候，沒有一個人可以自認為不必仰仗別人的幫忙、支持，而可以在工作上、生活上，都能勝任愉快。別人的掌聲，激發我們百尺竿頭，更進一步，追求更卓越的成績；別人的安慰，鼓勵我們從挫敗中，勇敢的站起來，重新再試一次。

很少人能很幸運地一次就把事情做好，天下事多半是要一試再試，經過多次的努力，才能順利成功的。堅持繼續奮鬥的決心和勇氣，不是只靠自己的毅力與鬥志，更要有親朋好友們源源不絕的關懷和祝福。

金錢可以買到美女，可是買不到美女的心；金錢可以買到錦衣玉食，可是買不到快樂的心情。金錢可以買到很多東西，但是不能買到一切東西，親情、友情、愛情，都不是用金錢買得到的。人需要物質生活，人也需要精神生活，人不只吃飽喝足就夠了，好東西希望好朋友一起分享，我們希望有家人、親友一起分享我們的快樂，分擔我們的憂愁。

關懷別人是種美德，一個對別人愈多關懷的人，愈能彰顯其高尚的品德。我們在社會上，一方面是消費者，一方面是生產者，沒有人窮得沒有能力幫助別人、照顧別人，一顆愛心，一雙關切的眼神，幾句安慰或鼓勵的話，就會掃盡別人心中的陰霾，重現美麗的願景，重燃人生的希望。一個樂於幫助別人的人，是智者、仁者與勇者。

關懷是人性的光輝，是與生俱有的能力，我們除了關懷自己，也有能力關懷別人，只是很多人不自知而已。

23 服務是力量的擴散

生命的真諦，一方面是要修養自己，一方面是要服務別人。修養自己的意義，是要不斷鞭策自己，惕勵自己，追求進步，追求卓越。一個人停止進步就逐漸老化；人的老化，不只是生理上的，也是心理上的，心理上的老化比生理上的老化更可怕，人生最可怕的就是缺少鬥志。

學是為了用，學而不用，不如不學。古人學而優則仕，做官並不是為著個人的榮華富貴，奢華的物質享受，而是為了學以致用，以學問濟世。孟子主張「憂以天下，樂以下。」范仲淹強調「先天下之憂而憂，後天下之樂而樂。」都是抱持以天下為己任的胸襟和氣度。文王視民如傷，禹、稷思天下有溺者，猶己溺之；思天下有飢者，猶己飢之。宋代張載說：「為天地立心，為生民立命，為往聖繼絕學，為萬世開太平。」都可見古代聖賢的偉大懷抱。

人的價值，要在人群之中才能獲得肯定，一個有愛心、有耐心，肯奉獻犧牲的人，才能獲得大家的尊敬和愛戴。一個只關心自己的人，誰會去關心他呢？一個愈能關心別人的人，才愈能得到大家的關心。儒家思想主張「己立立人，己達達人。」佛家大乘也要求大眾要普渡眾生，而不要只做自了漢。

人的存在，不只是一種權利，也是一種責任，人生以服務為目的，一個對別人服務愈多的人，他的能力愈強。人的能力是在不斷付出中，愈能開發、展現出來。媽媽燒菜，不只是為了自己享用，媽媽為了家人享有熱騰騰的菜餚，不斷嘗試、研究，所以手藝日漸高明。

沒有人天生就會煮出一桌的好菜，高明的廚藝，都是不斷為別人服務之中，累積經驗。每天辛苦蓋房子、修馬路、做衣服、種稻、養魚……的人，都不是為了自己要住房子、要走馬路、要穿新衣、要吃米飯、鮮魚而忙碌的。人生的辛苦，並不只是為了滿足自己的三餐溫飽，或是更多的物質慾望，一個人所需要的東西，是很有限的。

自己做好事是好事，幫助別人做好事也是好事，成功不必在我，如果每一個人只把自己所作的好事，才當作好事，一個人一生之中能做的好事，實在不多，我們要有樂於助人的心，幫助別人完成更多的好心；我們要把助人的心，擴大其影響，讓社會大眾，人人都樂於助人，那麼，我們的社會必然是一片祥和，而不會有暴戾、狂亂的事。

人生的服務，是力量的擴大。我為人人，人人為我。今天的社會所以會如此擾攘不安，主要是因為私心太重。很多人心中只有自己，沒有別人，只有個人，沒有群體，為了滿足一己的私心，往往不擇手段，去傷害別人，傷害群體。志工、義工，並不必有太多的條件，只要有心、有力，我們隨時隨地都可以服務別人、服務大眾，對別人的多一分服務，就是給自己的多一分福報。

24 慈悲是最大的福慧

慈是愛，悲是憫；愛是關懷，憫是同情。佛是心中的一盞燈，佛是生命的依靠。佛光山星雲大師曾經勉勵信眾要學習佛的五大精神，一是彌勒菩薩的大慈精神，二是觀音菩薩的大悲精神，三是地藏菩薩的大願精神，四是文殊菩薩的大智精神，五是普賢菩薩的大行精神。

彌勒菩薩是歡喜佛，大家一見到笑口常開的彌勒佛，就跟著開心起來，彌勒佛帶給眾生歡喜。觀音菩薩聞聲救苦，化身各種法相，拔除人間的痛苦。

人生有悲有喜，悲多喜少，悲喜無常。如果說人生是個苦海，我們是來受苦的，也要因為我們所受的苦，而使別人不必再受同樣的苦。佛家講空觀、禪定，目的是要能放、能忘、放下人生的得失禍福，忘掉人生的悲喜無常。

人生數十寒暑，有的人生活得很快樂，有的人生活得很痛苦，其間的關鍵，在於能忍不能忍，能容不能容。我們若要享受快樂的人生，先要培養寬厚的氣量，像雍容大度的彌勒佛，永遠笑顏逐開，永遠令人喜愛。

自己快樂的人，才能帶給人快樂。笑是健康，笑是全世界最美麗的聲音，笑讓我們這個世界充滿愛與歡樂，人人內心洋溢喜樂。人生有太多的無奈，我們並不是要什麼就有什麼，常常是事與願違，雖然未必如俗諺所說：「人生不如意事，十常八九。」但確是「天有不測風雲，人有旦夕禍福。」能夠苦中求樂，才能夠使人生充滿歡欣。

哭也是人的本性之一，哭並不是懦弱的表現，哀傷時候的痛哭，就像喜悅時候的大笑，都是感情的自然反映，人生在世，有太多不如意的事、傷心的事、悲痛的事、委曲的事，在極度難過的時候，放聲一哭，雖然並沒有解決問題，但是哭了以後，心情就舒暢許多了。

人生當然不是只有哭而已，只有笑而已，我們應該把對自己的小愛，化作對眾生的大愛。如果一個人只是記惦著自己得意的事或是失意的事，人生的格局是很有限的，要像佛菩薩一樣，不以自己的喜樂為喜樂，不以自己的悲苦為悲苦，而是以眾生的喜樂為喜樂，以眾生的悲苦為悲苦。

修佛修道的人，不全是為了個人的福緣，更大的關懷是消弭眾生的煩惱，造設眾生的福慧。菩薩的兩大心願，一是增進人間的喜樂，一是拔除人間的痛苦。為了拔除人間的痛苦，學佛的人自己甘心替眾生承擔痛苦；為了增進人間的喜樂，學佛的人自己情願化為塵泥、灰土，為眾生引渡涅槃。

人生有順有逆、有得有失，有人生來享福，有人生來受罪，一個人一個命，誰也怨不了誰？重要的是如果能夠人人懷持慈悲的心，就是轉悲為喜，轉苦為樂，修得人生最大的福慧。

第五篇

人生的自律

人的成功，不靠口氣而是靠志氣，尤其不會是靠生氣。生氣不如爭氣，爭氣才能神氣。

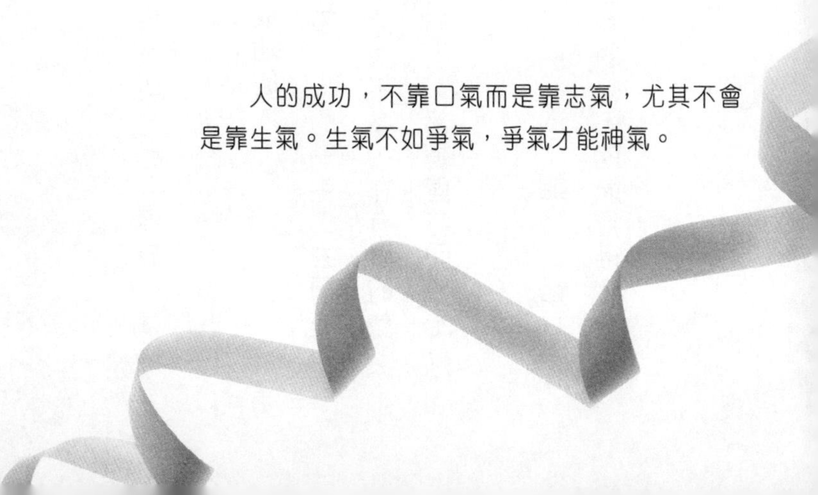

25 自律是成功的關鍵

成功是人人所企盼的，但不是每個人都很幸運能品嚐成功的甜蜜果實。每個人奮鬥的目標不同，達成每個目標的難易有別，不過，天下沒有不勞而獲的事，努力愈多，成就愈大。愈能要求自己的人，是愈能成功的人。

人的聰明才智，相去不遠，上智下愚，究竟只是少數。人的一生，去頭去尾，扣掉吃飯、睡覺、休閒娛樂的時間，能夠工作的時間並不多，在有限的歲月裡，想要有非常傑出的成就，是不容易的。所有成功的人，都是與時間競走的人。不能追著時間跑，就會被時間追著跑。

一分耕耘，一分收穫。古人說：「人一能之，己十之；人十能之，己百之。」勤能補拙，一勤天下無難事，能夠比別人付出愈多的人，就能獲得比別人更豐碩的成果。

自律是自我的要求。任何一個企業單位，有管理階層，有被管理階層，任何一個公司行號，有老闆，有伙計，角色不同，任務相同，都是希望整個企業、整個公司的業務，蒸蒸日上，不斷成長發展，永續經營。雖然每一個人的身分地位不同，人格的尊嚴，眾生平等，職務高的人並沒有特別尊貴，職務低的人也應該得到尊重。

我們對物的要求，當然應該嚴苛，貨物、機件的品管，最好是零缺點、零故障，但是，人不是物，不管是對長官或是部屬，都應該寬厚慈悲。我們常常要求別人太多，要求自己太少，嚴以待人，寬以待己。其實不管在工作職場或是一般待人接物，都應該是嚴以律己，寬以待人，以要求別人的心要求自己，以原諒自己的心，原諒別人。

敬人者，人恆敬之；愛人者，人恆愛之。寬厚待人的人，才能得到別人寬厚的對待。反之，苛責別人的人，別人也會苛責於他。能忍別人所不能忍的苦，才能享別人所不能享的福。一個能自律自制的人，才能收放自如，做自己生命的主人。寬以待人，嚴以律己，才會是一位好的主管、好的部屬，為上為下，都令人敬佩愛戴。

嚴以律己的人，不管是長官或部屬，都會盡心盡力，負責盡職，不會拖泥帶水，怠忽職守；都會主動積極，樂觀進取，不會因循苟且，敷衍塞責。事情不是有做就好，要做就要做好，懂得自律的人，一定是堅持做對的事、堅持把對的事做更好。

人生有許多的誘惑。懂得自律，才不會迷失方向，被一些花花草草所迷惑眩亂，而看不見高山、大水，奇花、異草；懂得自律，才能堅持信念，邁向成功的坦途。

26 煩惱是本性被污染

吃五穀雜糧的，沒有不生病的，活在滾滾紅塵的，沒有沒煩惱的。煩惱是因為想不開，痛苦是因為不滿足。求不完，苦不完。到底人生有何所求？到底人生該求什麼？修行人生的正果，人人取徑不同。有人認為人生自在就好，有人認為人生大富大貴才好。其實，不管求與不求，誰都不願意過苦日子，大家都不反對過好日子。生活在苦日子中，只有少數豁達開朗的人，才能夠甘之如飴，怡然自得，大部分的人是自怨自嘆，痛苦難堪。

命運掌握在自己手掌中，你不爭取，沒有人替你爭取；你不放棄，沒有人逼你放棄，很多人不能當自己生命的主人，而抱怨老天虧待他，別人欺侮他，這是不負責任的託辭。每個人都應該勇於承擔自己的快樂和痛苦。人生的苦樂，無不自取，想的開就快樂，想不開就煩惱。人生很多的煩惱，往往是自找的。天下本無事，庸人自擾之，我們常常以為天要塌下來，其實只是我們的腳跟站歪而已，事實並不像我們想像的那麼嚴重。山重水複疑無路，柳暗花明又一村。在生活中，我們難免會遇到困境、窘境，以為山窮水盡了，不過，轉個彎，世界變寬廣了。

每個人的煩惱，其實都相去不遠，不是為名就是為利，不是為家庭就是為事業，不是為感情就是為學業，不是為父母就是為兒女……人生的煩惱，林林總總，歸納為一句話，就是我們把生活複雜化了。生活愈單純愈好，生活愈單純愈容易滿足。滿足的人，才能得到快樂。

聰明的人懂得如何去化解煩惱，愚笨的人不只不懂得化解煩惱，反而不斷強化、深化煩惱，而不勝痛苦。解鈴終需繫鈴人，心有千萬結，都不是不可解。物有本末，事有終始，知所先後則近道矣！不要想一次解決所有的問題，問題有輕重、緩急、大小、難易，我們當然先要解決急的問題、重要的問題，再解決比較不急、比較不重要的問題；容易解決的問題先解決，不容易解決的問題，逐步解決。

人生要懂得割捨，該放的就放，該丟的就丟。很多人有大房子，但因為堆積太多的東西，所以顯得擁擠不堪。室雅不需大，我們因為有太多的罣礙、太多的奢求，太多的不捨，心被填滿了，家被填滿了。不只外在的環境有太多的垃圾，內在的心靈也有太多的垃圾，這是煩惱的根源。

如果在生命中只能剩下最後的選擇，我們要選擇什麼？如果在生活中必須放棄一些需求，我們先要割捨的又是什麼？工作是為了生活，很多人卻為了工作而犧牲生活，工作一百分，生活不及格。人生是一條悠悠不盡的天涯路，我們要懂得規劃、經營，就不會迷失方向，捨本逐末，不知輕重。洗盡一切，真性自見；一空依傍，萬法自得。本性自在，只是人不自覺而已。

27 生氣最傷和氣

人是感情的動物，人都有七情六慾，人生有悲歡離合，人情就有喜怒哀樂。開心的事就會想笑，悲傷的事就會想哭，當然，憤怒的事就會生氣。

在我們的日常生活中，常常會發生一些令我們生氣的事，譬如別人不友善的態度，以及各種期待的落空。人與人的交往，當然不能以財富的有無、地位的高低、能力的好壞、相貌的美醜等等，作為友情的條件，可是有些人的修養欠佳，不是嫉妒別人的成就，就是瞧不起別人的卑微。身為一個人，應該以誠待人，不亢不卑，而且要友善親切，熱情愛人。

一種米養百種人，人品萬端，我們當然不能指望每個人跟我們一樣聰明、一樣有學問、一樣有修養、一樣好脾氣。面對不如我們聰明、不如我們有學問、不如我們有修養、不如我們好脾氣的人，不認了怎麼辦？我們常勸吵架的人，各退一步，相安無事，如果對方不肯退讓怎麼辦？為什麼我們不能退兩步呢？堅持要對方退一步的人，不是和對方一般見識而已嗎？

有些人就是脾氣不好，動不動就動怒生氣。看到生氣的人，最好遠一點，否則受到流彈波及，就很倒霉了。脾氣來了，福氣就不來了，有壞脾氣的人，一定很少有好朋友，很少有貴人相助。此外，發脾氣的人，情緒緊張，做事不能理性，考慮不能周詳，當然無法圓滿周到。

人生難免會有不如意的事，會有傷心難過，或是令人生氣的事，以至很難控制情緒，甚至情緒崩潰，像渲洩的洪水。

一個人能當情緒的主人，才能當生命的主人。成功的人用理性過生活，失敗的人用感情過生活，一個喜怒無常，生活非常情緒化的人，不會是人緣很好的人，不會是真正幸福快樂的人。

生氣只是情緒的發洩，生氣不能解決問題，生氣只會擴大問題，橫生枝節，增加不必要的困惱。人與人之間的紛爭，有時只是一場誤會，尤其是語言上的不良溝通。把話講開了，誠懇真實的面對問題，往往只是小事一樁而已。

人生沒有什麼好計較的，人生是計較不完的，寬厚得福，生氣最傷和氣。生意人最強調「和氣生財。」出手不打笑臉人，和氣的人，別人樂於與他相處、與他交往、與他作生意。相反的，誰先生氣，誰先輸三分。吵架的人沒有人是贏家，生氣的人沒有人是贏家。

人的成功，不靠口氣而是靠志氣，尤其不會是靠生氣。生氣不如爭氣，爭氣才能神氣。人生要生氣，是會生不完了，生氣最是傷身，「一笑一少，一怒一老。」生氣絕對沒有好處，一個人自己生悶氣，當然划不來，找別人生氣，把氣頭出在別人身上，也是錯誤。和諧的家庭，來自良好的對話，一切的人際關係都是如此，有話好說，不必生氣，生氣傷和氣。

28 絕望是最大的悲哀

亞洲羚羊紀政，年輕的時候在美國受訓，她的宿舍附近有個教堂，教堂的牆上刻著幾行字"Money lost, Something lost; Love lost, a great deal lost; Courage lost, All is lost."丟了錢，丟了一些東西；丟了愛情，丟了更多的東西；丟了勇氣，什麼都沒有了。一個人失掉心，就失掉一切，人是靠希望活下去的。

一個人的失敗，常常是給自己打敗的。自己認為會成功，真的就成功；自己認為會失敗，真的就失敗。想成功的人，才會成功；怕失敗的人，一定失敗。禍福自取，成功或失敗，也往往由自己做決定。當然，成功的因素，除了靠自己的努力，運氣也很重要，運氣的好壞，不是人能掌控，但是對於一個有決心、有毅力，對自己的前途充滿信心和希望的人，多半是較容易成功的。

命好不如習慣好。生命是一種態度，生活是一種習慣。積極樂觀的人生態度，或是消極悲觀的人生態度，是一個人立身處世成功或失敗的重要關鍵。平靜的海，訓練不出一流的水手，生鐵百鍊成鋼，人生也是要歷經種種的考驗，才能實現美麗的願景。

哀莫大於心死。面對人生的苦難、挫折、挑戰，失望可以，絕望不必。轉念就能改運。中華民國副總統吳敦義先生，年輕的時候當過記者，向一位老太太租房子。老太太很有錢，可是整天愁眉苦臉。吳敦義先生問她什麼原因，她說：她兒子在新竹做晒米粉的工作，女兒在高雄美濃賣雨傘，晴天煩惱女兒的傘賣不出去，雨天擔心兒子不能晒米粉，所以晴天也煩，雨天也煩。吳先生建議老太太，為什麼不轉個想法，晴天很高興兒子可以晒米粉，雨天很高興女兒可以賣雨傘，於是晴天高興，雨天也高興。

天下事一得一失，任何事情都會有正反兩面的看法，筆者小時候家裡窮，沒有鞋子穿，老師安慰筆者說：我只是沒有鞋子穿，有人連腳都沒有。是啊！比上不足，比下有餘，我們不是最聰明的，也不是最笨的；不是最富有的，也不是最窮的；不是最漂亮的，也不是最醜的。我們不能只看到自己有的，也不能只看到自己沒有的。我們要有自信，但是不能自大；我們要謙卑，但不必自卑。平實的看待自己，千萬不能絕望，絕望是人類最大的悲哀。

29 吵架沒有贏家

舌頭和牙齒是最為親近的，難免會有牙齒咬到舌頭的時候。家中的成員，每個人的個性，生活習慣，都有一些的不同，彼此意見不同，發生齟齬，甚或爭執、吵架，也是無可避免的。

吵架有時是因為誤會，有時只是為了一點芝麻小事，講清楚之後，才發現其實沒有什麼好吵的。吵架的時候，誰也不讓誰，話愈說愈重，不只傷了對方，也傷了自己。

吵架沒有好話，有時因為不能控制情緒，脫口而出，像是脫韁的野馬，四處狂奔。說出去的話，像潑出去的水，覆水難收，為了逞一時快意，而造成無以彌補的悔恨，實在是非常不值得的事。

能夠做情緒的主人，才能做生命的主人。有些人不能控制自己的情緒，尤其是性情剛烈的人，往往一發不可收拾，除了語言的暴力，還會有肢體的暴力，造成家庭暴力，不只夫妻的感情受到傷害，親子之情的傷害，也無以彌補。

吵架像是火山的爆發，當能量的蓄積到了儲存的極限的時候，火山的岩漿，就會狂瀉而出。冰凍三尺，非一日之寒，家庭的爭執，往往因為長期的溝通不良，加上工作的壓力，生活的壓力，到了無法忍受的地步，便會像火山爆發一樣的可怕，也會像氣鍋的爆裂一樣，十分的恐怖。

水溝如果平日不清理疏通，雜物污穢堵塞、颱風下大雨的時候，就會漫溢泛濫，造成災難。家庭也是如此，不管是夫妻之間、親子之間，每個人都有每個人的壓力，有的人自己有能力抒解自己的壓力，有的人沒有能力抒解自己的壓力，沒有能力抒解自己壓力的人，就要借助別人的幫忙，自己的家人應該是最大的幫手。

相愛容易，相處難。談戀愛的時候，男女雙方若是有了爭執，還可以逃回自己的家；結婚之後，夫妻吵架，或是親子的爭執，就無處可逃了，唯一能逃的，就是離家出走而已。

撫平傷痛最好的方法是原諒和遺忘。男人作為丈夫，最大的特質是常常忘記太太的好處；女人作為太太，最大的特質是常常記住先生的壞處。吵架沒有贏家，每一個人都是輸家，沒有人得到好處，每個人都受到傷害。

我們常常傷害我們最愛的人最深。愛與恨是鄰居，愛之深，責之切，父母對子女太多的期待，夫妻彼此對對方的要求太多，都容易造成反彈，造成爭吵。

能不吵架，盡量不要吵架，吵架撕裂了彼此的感情，吵完架之後，即使互相諒解、包容，可是裂痕猶在，而且吵架會是一種習慣。

30 懷疑是愛情的毒藥

疑忌，是朋友、親人之間最大的敵人，更是夫妻感情的頭號殺手。人與人之間的交往，最為重要的，是要能夠彼此以誠相待，而且互相信任。夫妻的結合，是兩個成年人要廝守一輩子，長長久久，永生不渝，所以彼此要向對方負責，彼此要信任對方，才能相親相愛，相惜相憐。

我們對任何宗教的信仰，如果對所信仰的宗教產生了懷疑，所崇奉的神便不再存在。愛情也是如此。有人把愛情比喻為一顆易脆的蛋、十分貼切，很多相戀多年的情侶，結褵多年的夫妻，因為心有嫌隙，懷疑、猜忌，竟至分手、離異，令人非常遺憾。

有一個男生對他的女友說：「我永遠愛妳。」女友回答說：「愛，我懂，什麼是永遠。」在這個不確定的年代，唯一確定的是現在，在現代的生活中，婚姻、愛情，一直充滿很多不確定的因素。堅貞的愛情，所以被傳誦、歌詠，正因為它的難能可貴。

很多離婚的家庭，除了個性不合，外遇是最嚴重的傷害。所以會有婚外情，常常是因為夫妻雙方的感情有了裂痕，而裂痕的產生，多半從懷疑開始，現在是一個開放的社會，男女都有平等的教育權、工作權。過去傳統的社會，十分的保守，男主外，女主內，生活十分單純。今日的工商社會，幾乎是雙薪的家庭，不只男人在外面打天下，女人也要爭取自己的一片天空。女人不再只是依附男人生活而已，她們也有自己的工作夥伴，和家庭以外的生活圈子，像男人一樣，每天都會接觸到異性的工作對象，談話對象。如果夫妻雙方不能互相包容信任，難免就會有疑慮、猜忌，而產生感情的裂痕。

愛情以信心為基礎，以尊重為原則。每一個生命都值得被尊重，懂得尊重別人的人，才值得別人的尊重；每一對情侶，夫妻對對方都要有信心，對方才會對自己有信心。一個信不過別人的人，如何能得到別人的信任呢？一個不尊重別人的人，如何能得到別人的尊重呢？

做學問要在不疑處有疑，做人要在有疑處不疑。人生難免會有一些小瑕疵，譬如有些人不守時，有些人不愛乾淨、有些人很迷糊。兩性的結合，來自不同家庭，不同個性，婚前善於包裝，也許有些小缺點被掩飾得很好，婚後則無從掩飾，則彼此要多包容、多擔待、放寬心胸，才能和諧相處。放掉一些堅持，接納的空間就更大。容忍異己，是人生的第一課，知道每個人都是不一樣，知道每個人都有優點和缺點，不要有太多的計較，就不會有太多的懷疑。給自己多一點空間，也給別人多一點空間；給自己多一點時間，也給別人多一點時間，空間和時間都放寬了，才能有更多的信任，而不會有不必要的疑慮。綁住對方，也綁住自己，給別人自由，也給自己自由。

第六篇

人生的幸福

一隻燕子不能成為春天，

一朵花不能成為花園。

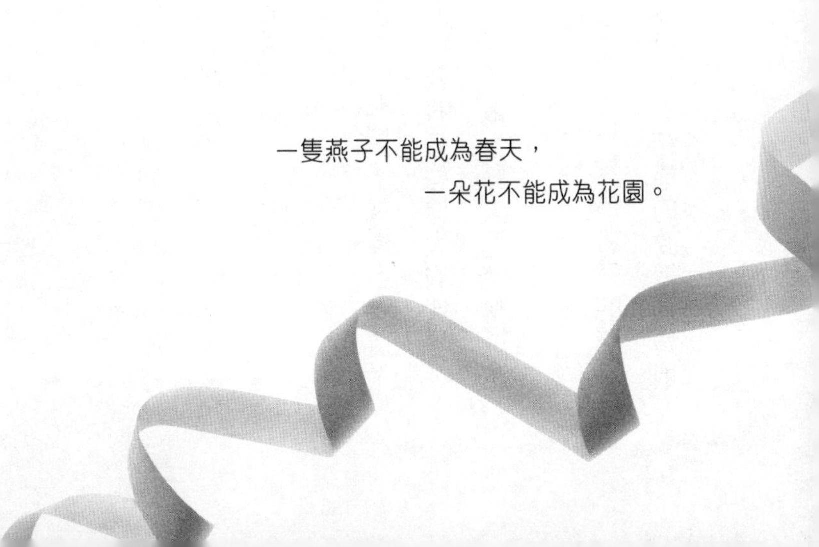

31 愛情是上帝給予的禮物

有一位著名的電視節目主持人，她有二次的婚姻，第一次的婚姻因為雙方個性不合而離異，第二次的婚姻，感情非常甜蜜，可惜她的老公因重病過世。這位女士遭遇喪夫之慟，當然非常悲傷，在一次訪談中她說：幸福的婚姻，是老天給我們的禮物，祂會本金加利息的要回去。

人生到處好風景，我們常常錯失許多人生的幸福。親情、友情、愛情，是人世間最真實的愛，是人類最珍貴的資產，人世間因為有這些偉大的情愛，所以生命才能彰顯其意義、價值和尊嚴。三者之中，愛情最令騷人墨容傳誦不已。

婚姻是兩性的結合。兩性之間，由友情昇華為愛情，這是很自然的事，戀愛的最後目的，就是要走向地毯的另一端。現在因為社會結構的改變，婚姻的價值觀也跟以前不同，女性自主意識抬頭，兩性的教育權、工作權平等，很多女性紛紛走出家庭，卻也不願意再接受傳統家庭觀念的束縛，於是離婚的比例，逐年高升，單親家庭愈來愈多。

革命烈士林覺民〈與妻訣別書〉一文有句名言：「願天下有情人都成眷屬」，現在卻被說成「願天下眷屬都成有情人。」實在十分嘲諷。男女雙方在結婚以前，要仔細思量，共組家庭之後，要細心維護，不要使愛情變調，為了家庭的幸福，千忍百忍都是應該的。愛是要一輩子努力學習的，沒有學習的愛情不會長久。

愛不是一學就會，也不是學一次就終生免疫。兩個不同性別、不同個性、不同家庭背景、不同生活習慣的人，要一輩子生活在一起，必須彼此努力學習調適，要有勇氣，要有信心，要有毅力。名作家胡茵夢說：「兩個變數加起來，要等於一個常數，是天方夜譚。」基督教《聖經・歌林多前書》也說：「愛是恆久忍耐，又有恩慈；愛是不嫉妒；愛是不自誇，不張狂，不做害羞的事，不求自己的益處，不輕易發怒，不計算人的惡，不喜歡不義，只喜歡真理；凡事包容，凡事相信，凡事盼望，凡事忍耐。愛是永不止息。」

愛情像風箏。放風箏的小孩，掌握風箏的動向，談戀愛的男女，掌握人生的理想。堅固的風箏，不是靠鮮艷華麗的色調，而是那根堅韌的線，以及放線者的信心。堅固的愛情，也不是靠跑車、洋房，以及甜言蜜語，而是彼此堅定不移的信心和愛心。愛情的波折是難免的，沒有驚濤駭浪，顯現不出海洋的偉大；沒有打擊、挫折，也顯現不出愛情的堅強。愛情帶來煩惱，愛情也帶來快樂，我們不能因為怕煩惱而拒絕愛情。

愛情也是靠緣份，有像千里來相會，要緣對面不相逢。但是，緣份只是一個開始，當機會來的時候，除了緊緊抓住以外，還要不斷的努力，像照顧一株幼苗，看著它紮根、發芽、生葉、開花、結果。好好珍惜上帝給予的禮物，努力綻放愛情的花朵。

32 愛人是一種福氣

走在用愛鋪的路，特別細軟；吃著用愛煮的飯，特別香甜；穿上用愛洗的衣，特別溫暖；住在用愛築的屋，特別幸福。唯有愛，才能創造真正美滿的人生；唯有愛，才能促進人心淨化、社會祥和、世界太平。人人把心中的大愛發揮出來，就能凝聚善的福業，形成善的循環。

人間的情愛，不只是男女肌膚之親。我們對於親朋好友的關懷，以及對擦身而過的陌生人，甚至是從未謀面的異國人士的同體共悲，都是人間的情愛。心中有愛，人生最美，讓我們把愛心延伸更遠一點，把愛的力量擴大更廣一點，把愛的道路鋪得更長一點。

為什麼說為善最樂？為什麼說施比受更有福？因為有能力為善，才能為善，有能力付出，才能付出。每個人在這個世界上，不應該只是消費者，應該也是生產者。一個人成就的大小，不在於得到多少，而在於付出多少，愈有能力付出的人，是愈有成就的人。人生沒有這個苦，就有另一些的苦，一個人老是念著自己的苦，人生就苦不完，我們在幫助別人的時候，看到別人承擔更大、更多的苦，我們就會珍惜、慶幸自己的苦，實在不值掛念；同時，我們在幫助別人的時候，我們也無暇顧及自己的苦。不會想到苦，就沒有苦。所以能愛人是一種福氣。

有愛無礙。幸福的家庭，來自和諧的對話，人與人之間的爭執，常常是因為理念的不同，觀點的不一致。其實所謂是與非、善與惡、得與失、禍與福，原無定論。兩個武士經過一棵大樹，樹上掛著一個盾牌，甲武士說盾牌是金的，乙武士說盾牌是銀的，兩個武士為了証明自己的對，就吵起來了，打起來了，兩敗俱傷，躺在地上，才發現這盾牌一面是金的，一面是銀的，說金的對，說銀的也對，說金的不全對，說銀的也不全對。公說公的理，婆說婆的理，各持一片理。家人之間的爭執，也往往是如此。

愛是包容，愛是體諒。愛人的方式，不只是物質上的供應，更是精神上的認同。愛的付出，精神上的肯定、鼓勵、安慰、接納，比錦衣、玉食、珍珠、寶物更有價值。不是每個人都有錢，可以每個人都有愛心，不是有錢的人，才有能力愛人，人人都有能力愛人，愛人的力量，是不分男女老幼、貧富貴賤，只要你願意，你就做得到。面對別人的苦難，有能力出能力，沒能力出心力。

33 緣份是前生的註定

俗話說：「緣定三生。」人死後有沒有三生，或是有幾世的輪迴，我不清楚，但是我確定人與人之間的相遇、相知、相愛、相惜，不會只是個巧合。天地這麼大，我們和家人、朋友，為什麼會在這個地方相遇；同在一個地方的人這麼多，為什麼我們不會認識張三、不會認識李四，而會認識我們所認識的人？除了巧合，一定還有因緣。

同鄉是因為出生地相同，同學是因為唸書求學的學校相同，同事是因為工作的地點相同。所有人與人之間的關係，多少都有一些相繫相連的地方，相見自是有緣，相惜且多珍貴。

《荀子・王制》：「水火有氣而無生，草木有生而無知，禽獸有知而無義，人有氣、有生、有知、且有義，故最為貴。」人所以能成為萬物之靈，就是除了有生命、有知覺，而且有思想、有情感。人是理性的動物，所以人有是非之心，善惡之心；能夠分辨是非、善惡，知所取捨。人是感情的動物，人非草木，孰能無情，所以人有愛憎好惡。

人生難得。母親懷胎十個月，是個辛苦的歷程，生育、養育、教育，都是許許多多人力、物力的投注和關切，一路走來，就像從一棵嫩芽，長成幼苗，經過辛勤照料、灌溉、施肥、除草，才能蔚然成為枝葉繁茂的巨大樹木。老天很公平，凡物有一長，必有一短，有一得，必有一失。我們不是最聰明、最有氣力，或是能高空飛翔、海底游生的靈類動物，面對高山，大海，人才學會卑微。每一種生物都有屬於它們生存的時空背景，不應該互相干擾、傷害；我們人類並沒有特別優厚的條件，沒有殊特的權利，去破壞宇宙自然生態的平衡生存和發展。人來自自然，終將回歸自然，人類個體的生命和群體的生存，一如其他的生物一樣，只是長長短短的過客而已。

因為人生難得，人要懂得珍惜所有；因為每個人都是獨立自主，所以要學習互相尊重。人的一生，不是靠自己就能成事，我們吃的米飯、穿的衣服，以及住房、坐車等等，都是無數相識或不相識的人的努力成果。人生的成就，不在於得到多少，而在於付出多少，付出愈多的人，成就愈大。當然，自己是自己生命的主體，自己是「一」，家庭、事業、社會服務……，都是「一」後面的「零」。有了「一」後面的「零」，才有意義；沒有前面的「一」，後面再多的「零」，便全無意義了。

自己生命的存在是緣份，與親朋好友、工作伙伴的相遇相聚，也是緣份我們要多結善緣，不要結惡緣。萬般帶不走，只有業相隨，種什麼因，結什麼果。生生世世，生命不斷在輪迴轉化，在紛雜的人情世界中，難免有許多恩恩怨怨，是是非非，看似偶然，其實都是必然，勤耕福田，才有善果、福報。

34 惜緣是聰明的抉擇

兩性的結合，任何一個男人都可以和任何一個女人生活在一起，只是誰比誰合適而已。婚姻是追求下半輩子的幸福，「執子之手，與子偕老」，是要白髮偕老，相守終生。古人說：「齊大非偶」。婚姻的選擇，未必一定是門當戶對，但是不同的宗教信仰、不同的政治理念，不同的生活習慣，以及差距太大的學歷、家庭背景，都不會是婚姻幸福的基礎。

婚姻，不只是找一個合適的對象，也要努力去做一個合適的對象。幸福的婚姻，來自人格的成熟度。生理成熟而心理不成熟的人，不是一個理想的婚姻對象。來自不同家庭的兩個人，要緣定終生，相廝相守一輩子，是很不容易的，彼此都要能包容，體諒、關懷、接納，不只欣賞對方的優點，也要能接受對方的缺點。

婚姻是一輩子的經營，不管結婚以前，相識多久，相愛多深，結婚以後，一切從頭開始。談戀愛的時候，情人眼裡出西施，對方的優點是優點、對方的缺點也是優點，所以有人說：「愛情是盲目的。」一旦從愛情走到親情、溫情的時候，愛情的溫度冷卻之後，從理想的雲端，跌落殘酷的現實，世界未必還是那麼美好，那麼充滿憧憬，如果沒有成熟的心靈，便很難加以調適。

當然婚姻的基礎來自第一次見面的情緣，沒有相見，怎會相識？沒有相識，怎會相知？沒有相知，怎會相愛？彼此相見的第一印象是很重要的。愛情從友情開始。雖然每一個人都是獨立存在的個體，但是每個人都渴望有友情、愛情、親情的滋潤。

有友為伴，可以抒懷，可以解憂。兩顆相契的心，才能共譜永恆的戀曲，因此，男女兩個人由交友開始，互相認識，互相接納，也要互相學習調適，包容。到底真實的生活，不會只是美麗的夢幻，除了甜蜜的時光，還有汗水和淚光。

為什麼新娘結婚，新郎不是他？為什麼結婚的新娘，常常會落跑？結婚不是感情的衝突，結婚是理性的省思。人生是一齣戲，自己是導演，編劇兼演員，人生的這齣戲要如何演，一定要先寫好劇本。選擇所愛，愛所選擇。經過縝密的思考後，就要勇於承擔。不會每個男人、每個女人，都是妳或你的最佳男主角，或是最佳女主角。結婚不是兒戲，結婚也不是試穿衣服，不喜歡的，隨時再換一件，因此，結婚要有聰明的選擇。

緣份、緣份，要有緣有份，不要沒緣沒份，也不要有緣沒份。開花不一定結果，但是能夠惜緣惜福的人，就不會輕易讓幸福遛走。

35 婚姻是一輩子的經營

已故前海基會董事長辜振甫先生和夫人辜嚴倬雲女士結婚五十週年紀念時，記者問辜先生他們結婚成功之道。辜先生說：「婚姻是一輩子的經營。」不是嗎？婚姻也是一種事業，是一種契約行為。任何事業成功之道，就是要努力經營，婚姻當然不例外。

兩性的結合，從相識、相知到相愛、相惜，以至走向結婚禮堂，都承諾要執子之手，終生相守。為什麼卻有很多婚姻的變調，中途變卦了呢？論其原因，雖多林林總總，但是最重要的是男女雙方都忘記婚姻是一輩子的經營。我們天天吃飯，飯不是煮熟就好，菜也不是有雞、有肉、有魚、有蔬果就好。再好吃的菜餚，天天吃都會膩，何況是天天朝夕相處的枕邊人呢？

家庭主婦照顧家人的飲食，是要頗費心思、巧思，兩性婚姻的經營，也是需要用心、苦心。名作家胡茵夢曾說：「兩個變數加起來，要等於一個常數，是天方夜譚。」每一個人都是一個變數，自己有時候都不了解自己、不能接受自己，何況是去了解別人、接受別人呢？「人」字的筆劃，一長一短，在造字之初，就已明白每個人都有長處、也都有短處，結婚之初，一定是被對方的長處深深吸引，情人眼裡出西施，於是非卿不娶、非君不嫁，山盟海誓，直到海枯石爛。

結婚之前，男女雙方的缺點，可以被掩飾、被包裝，但是結婚之後，因為朝夕相處，則是昭然無所遁形。我們愛一個人，是要愛他的全部，而不是只愛他的優點。誰沒有缺點呢？真正愛對方的人，一方面會努力改善自己的缺點，一方面也能包容接納對方的缺點。我們常說：「江山易改，本性難移。」難移不是不可移，只要有決心、有毅力，任何的缺點、壞習慣都可以改正過來。如果把婚姻視為一種修行，所謂修行，就是修正不當的行為，有些人常拿本性難移當藉口，只是一種不負責任的託辭。

婚姻的生活，有苦有樂，這是很正常的，沒有婚姻的苦，如何能體會婚姻的樂呢？快樂不是擁有很多，而是抱怨很少，懂得不抱怨的人，才能真正體悟婚姻快樂的三昧。生活不是只有一種方程式，懂得培養生活的情趣，在平凡單調的日子裡，或是緊張忙碌的工作中，增加一些促使家人快樂的因子，就是婚姻經營成功之道。

36 用心是家庭美滿的條件

用心的女人最美麗，用心的人都美麗。家庭的成員，每個人都是主角，每個人都應該善盡職責，努力追求家庭的美滿幸福。家庭的成員，每個人都很用心，家庭就充滿朝氣與活力，家庭的光輝、就明亮起來。

家是幸福的根源，家是快樂的動力。不管是上學的孩子，或是上班的父母，在外面忙累了一天之後，最希望的就是回到家和家人的團聚。家是避風港，家是全世界最安全的地方，回到家就可以不在乎外面的恩恩怨怨，得得失失，把一切煩惱丟到九霄雲外。

每個家庭的成員要享受家的溫暖，家的甜蜜，當然也都有責任共同營造這一個溫馨甜美的窩。父母張開羽翼，保護兒女，就像母雞帶領小雞，防止被老鷹的突襲，讓孩子得到安全得到健康，得到快樂，是父母的天職。

夫妻是同林鳥，休戚與共，要同甘苦，共患難，在生命最無助的時候，家是唯一的靠山。有一首曲名叫「友情」的歌，歌詞的開始是：「友情，人人都需要友情，不能孤獨走向人生旅途。」家是友情、愛情、親情的融合，家庭的成員每個人都要緊密的結合，才能共譜美妙的生命樂章。

百年修行，才能共渡一條船，能夠共同生活在一個屋簷下，更是得來不易，一定要好好珍惜。用心經營。父母與兒女，夫妻與兄弟姊妹，每個人的角色不同，而任務相同，都是為了希望擁有一個甜蜜的家園。

善待自己，所以善待別人，每一個人要善待別人，先要能善待自己，做自己該做的事，不做自己不該做的事。每個人都有很多私心和妄念，人生不只是做自己想做的事，而且是要做自己該做的事，想做的事，未必是該做的事。

家有大小，屋寬不如心寬，每個人的心愈寬，能夠容納的空間就愈大。兒女的人格尚未成熟，犯錯是難免的，父母要多擔待，在兒女成長的道路上，父母是引導者，協助者，安慰者，鼓勵者，在被鼓勵中長大的孩子才有信心，在被安慰中成長的孩子才有慈悲心。

相愛容易相處難，來自兩個不同家庭的人，要重新相處數十年，能夠沒有看法的歧異，作法的摩擦，是很難的，包容、尊重，是一輩子要學習的課程。小時候讀童話故事，美麗的公主遇到英俊的王子，從此以後，永遠過著幸福快樂的生活。愛，大家都懂，才麼叫永遠？婚姻是一輩子的經營，否則婚姻就會成為愛情的墳墓。

每個人都希望家庭美滿幸福，但是幸福與美滿不是天上掉下來的禮物，而是家庭裡的每位成員用心經營。真心、用心是家庭幸福美滿的條件。

第七篇

人生的和諧

「伴」字的意義，是每個人犧牲自己的一半，而接受別人的另一半。

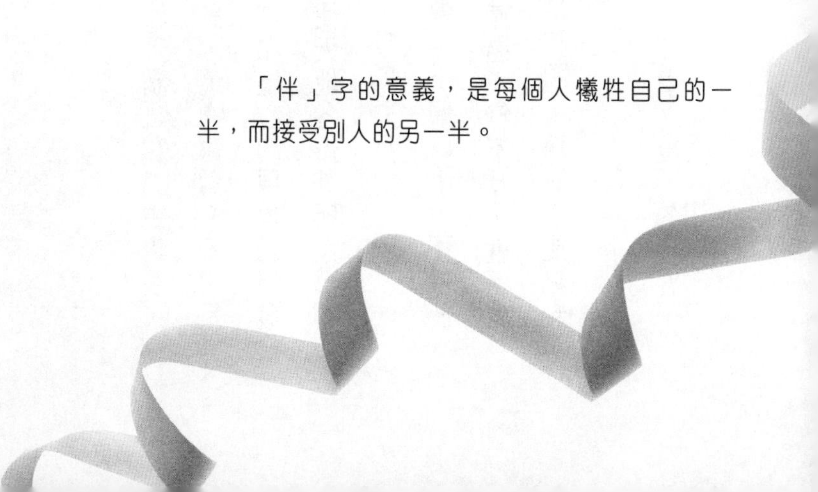

37 和諧是幸福的代名詞

《中庸》：「喜怒哀樂之未發，謂之中；發而皆中節，謂之和。中也者，天下之大本；和也者，天下之達道也。致中和，天地位焉，萬物育焉。」中是心未動時的本體，一切無所偏倚，物欲無蔽，大公無私；和是心的現象已經發動，而能一一合乎節度，恰到好處。中和的極致，可以使天地各得其所，萬物各遂其生，這是儒家天人合一的哲學，把宇宙和人生觀，打成一片。

中，不是一分二為中，而是不偏的意思，不偏於高、不偏於下，不偏於左，不偏於右，中無定點，唯求其當。凡事恰到好處，無過，無不及，就是中道。和是和順，諧是諧調，凡事都能恰到好處，一定是和順，諧調；能夠和順、諧調，就是恰到好處的中道精神。

一對夫妻吵架，一狀告到包青天那裡，包大人威武、升堂之後，各打五十板，就退堂。為什麼呢？一個巴掌拍不響，事出有因，問題不會只在單方面，公說公的理，婆說婆的理，各持一片理，都有理，都不全有理。天下事如果都能設身處地，換個立場看待問題，就可以避免很多的爭執。

人生是計較不完的，我們與家人、朋友、同事，常常為一點小事，爭得面紅耳赤，甚至大動干戈。其實，退一步想，實在沒有什麼意義。所謂的得，所謂的失，所謂的禍，所謂的福，都只是相對而言，而不是絕對的。如果我們一定要計較，是計較不完的，一定要爭個勝負，也算計不清楚的，因為勝未必真的勝，負未必真的負。

俗話說：「有量才有福。」就算我們吃了虧，至少我們有能力吃虧，我們才能吃虧。我們樣樣跟別人計較，不就與別人一般見識而已嗎？我們常常聽到：「各退一步，海闊天高。」有人就說：「如果對方不肯退，怎麼辦？」對方不肯退一步，為什麼我們不能退兩步呢？

婚姻是一輩子的經營，兩個不同性別，不同家庭背景，不同個性，不同生活習慣的人，要在同一個屋簷下相處一輩子，當然是很不容易。溝通、協調，才能適應、和順；包容、接納，才能幸福美滿。古人形容夫妻感情和諧、圓滿，叫「琴瑟友之」，琴、瑟是兩種樂器，兩種樂器一起彈奏，一定要配合得很好，音律才能非常優美動聽，如果步調不一致，一個太快，一個太慢，音律就不能協調。

中無定點，唯求其當，我們不能拿十八歲的經驗，處理十九歲的事務，面對十九歲的人生，我們重新學習、成長。婚姻、家庭也是如此，不管結婚以前，相識多久，相愛多深，結婚以後，重新開始，每一個日子，都是新的挑戰，每一天都要努力經營。追求圓滿和諧的生活，就是幸福快樂的生活。

38 家庭是事業的靠山

古人講齊家治國平天下，要能齊家，才能談治國平天下，齊家在前，治國平天下在後。我們不是每個人都有能力、都有機會去治國平天下，但是每個人都要創業，都要有一份安身立命，養家活口的工作，每個人也都有成立家庭的渴望。談成家立業，也是先成家而後立業，可見家庭與事業的密切關係。

家庭是事業的靠山，家是工作的休息站，家是工作的補給中心。出門一條龍，回家一條蟲，早晨出門打拼，精力充沛，像一尾活龍；忙累了一天之後，拖著疲憊的身體，回到家裡，有如一條軟綿綿的小蟲。回到家，最熱切家人的親切招呼；最希望沖著涼澡，洗去一身的塵埃；最熱切享受一頓家人精心烹煮的晚餐。

家是個休息站，家也是個避風港。所有白天在工作上的辛苦、委曲、不愉快的事，回到家之後，全都丟到腦後。也許有得意的事，有家人一起分享；也許有不如意的事，也有家人撫慰。當然，有人像悶葫蘆，什麼都不願意說，只想一個人靜靜的休息，有人則喜歡和家人共享天倫之樂。

不是每個人都很幸運天天可以回家，天天可以和家人見面，有的可能長期分隔兩地，有的可能經常要短期出差，因為不能天天見面，只能在心中繫念。

家和萬事興。有安定的家庭，才有興隆的事業。如果家庭不和睦，經常吵架，一定會影響工作的情緒和效率。人生再大的成就，都不能彌補失去家庭的損失。我有一個朋友，事業有成、豪宅數棟，可是夫妻感情不好，太太常常賭氣離家出走，不只先生的工作和生活受打擊，小孩子的學業和個性也受很大的影響，實在令人遺憾。

夫妻同心，其力斷金。很多男人結婚以前存不下金錢，結婚以後，有了賢內助的協助，持家有道，便開始有了積蓄。現代的社會，很多家庭都是雙薪，大家都很忙，都很累，更需要互相扶持，互相鼓勵，互相安慰，同心協力，共創理想。

家是兩性的結合，「安」字，有人解釋為「家裡有女人才平安。」「家」字，是「回到家，像一隻豕。」家是休息、放鬆的地方，白天已經是面對職場的戰爭，晚上就要休兵，不要再有糾紛。而更為重要，「家」要讓家人都有安全感，都無後顧之憂，然後才能全力在外面打拼，否則，在家裡得不到安全，安定、和諧、快樂，怎麼能夠全心盡力於工作，事業的努力呢？

39 平實是生活的真實

過年只是一天，日子是天天過。結婚以前，大家對結婚以後的日子，心裡都存著綺麗的美夢，但是拍完美美的婚紗照，舉行豪華的喜宴之後，日子就像從雲端跌到谷底，在結束婚禮的祝福和喜悅之後，日子要怎麼過？從單身到雙人行，是需要很大的考驗與調適。

平實的生活最真實。度完蜜月旅行，回到現實的生活，上班的上班，工作的工作，夫妻兩人的生活，可能還是各忙各的，可能可以朝夕相處，可能因為職務上的需要，分隔兩地，聚少離多。結婚前後的生活，可能有一些改變，可能沒有太多的改變。最大的改變是飯桌上多一個碗、多一雙筷子，晚上睡覺，枕邊多了一個人。

平實的生活，日子一久，可能就變得平淡，平淡可能就乏味。結婚以前的美麗願景，經不起現實生活的折磨，就像彩色的氣球，一個個洩氣、破滅。其實，生活可以不必非常單調，生活中只要有一點點巧思，日子一樣可以過得非常豐富，非常多變化。

我們不能常常搬家，可是可以常常搬家具，搬換一下桌子、櫃子，換個窗簾，重新粉刷墻壁，花一點小錢，甚至不必花錢，就可以使家裡有新的感覺。人是靠感覺過生活。

生活不是只有一種方程式，人生沒有非如何非不如何的事。誰說我們一定要六點起床，不能五點五十分，或是六點五分？誰說我們中午一定要吃飯不能吃麵？誰說我們一個月三萬的生活費，每天只能固定花一千元，不能一天花八百元，另一天花一千二百元？整齊中求變化，變化中見統一，這是生活的原則。

有些家庭主婦到菜市場買菜，看見有人賣漂亮的衣服，買了漂亮衣服，而沒有錢買菜，這當然是不對。生活要有主軸。到菜市場買菜，是為了買菜，買完菜如果還有餘錢，才可以再買別的東西。

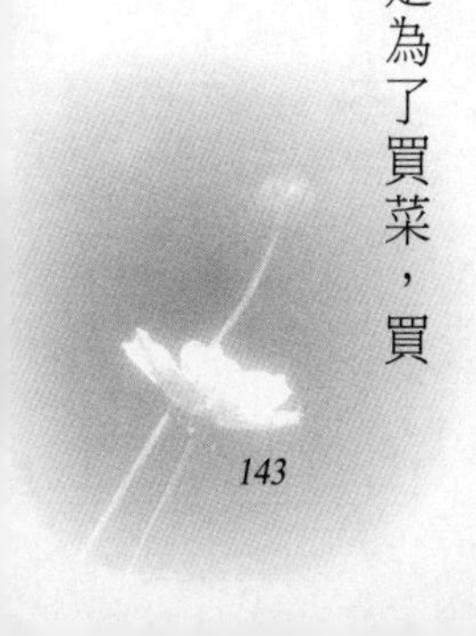

平實的生活是最真實的生活，我們可以偶爾上館子，我們不會天天上館子，餐餐上館子；我們東方人以米食為主，偶爾吃吃漢堡炸雞，卻不習慣天天吃漢堡炸雞。生活的主體是不變的，可是因為有一點點的巧思，就會像天使手中的仙女棒，頓時使生活亮麗起來，而不會每天一張開，就覺得生命沒有意義，生活缺少樂趣？快樂的生活是自找的，痛苦的生活是自取的。

喜歡吃炸雞的人，天天吃炸雞，餐餐吃炸雞，也是受不了的，再奢華的物質享受，日子久了，也會變得平淡無味。日子天天過，但是可以過的不一樣。

40 伴是犧牲自己的一半

古人造字很有意思，例如「伴」字，是指同伴、友伴、良伴，是指相處在一起的同學、同事、朋友、情侶、夫妻。「伴」字偏旁為人、半聲，是形聲字，造字時，一邊取形，一邊取聲，可是這個字是形聲又兼會意，「半」字除了為聲符，也是意符，意指要成為好的伴侶，要能犧牲自己的一半。

在幾十年的人生歲月裡，除了自己的家人，和我們關係最密切的，還有各種的「伴」——小時候一起遊戲的玩伴，長大後一起讀書、一起工作的學伴、伙伴，以及男女熱戀的良伴，以至走向結婚禮堂的終身伴侶。如果生命像一首詩，我們希望有人來解讀；如果生命像一道彩虹，我們期待有飛鴻相伴。人生有伴，才不會孤單寂寞。

在人生的道路上，有寬敞平坦的大道，也有崎嶇坎坷的小徑，不管是大道或是小徑，如果只是踽踽獨行，一定非常落寞無聊。人生有得意的時候，也有失意的時候，得意的時候，希望有別人的掌聲喝采，失意的時候，更需要別人的溫馨撫慰。一個人如果孤獨得連個說話的「伴」都沒有，沒有人共享成功的喜悅，有沒人分擔失敗的傷痛，豈不是世界上最悲哀的人嗎？

一個人穿戴漂亮的服飾，希望有人讚美；一個人身懷雄奇的才學，期待有人賞識。一個非常平凡的人，儘管沒有什麼特殊才華，也需要有些知音，能夠玩在一起，工作在一起，生活在一起。美酒、佳餚，要有伴共享，才能品出其中的滋味，一個人喝悶酒、有什麼好喝的呢？滿桌的菜餚，自己一個人怎會有好胃口呢？

人是群居的動物，人與人之間，要互相信賴、互相扶持、互相照顧、互相提攜，才能建立和諧安祥的社會。人與人互相依存、相互合作，才能共創美好的事業。天下事不是任何一個人可以獨力擔當，完成的，尤其在今日分工極為細密的時代，每一個人只是生產線上的一個工作點，更需要大家的同心協力，才能順利圓滿的把產品做好。

「伴」字的意義，是每個人犧牲自己的一半，而接受別人的另一半。如果每個人心裡只有自己，而沒有別人，一定不能和別人維持良好的人際關係。現在有很多破碎的家庭，主要是因為家庭的成員，不管是夫妻，或是父母兒女，都只追求完整的自己，不願意騰出一半的生活、生命給其他的家人。每個家庭的成員都追求完整的自己，就只剩半個家了。

要找到良伴，是大家的期盼。要找到良伴，先要使自己做為別人的良伴。每個人都有一顆開放的心，願意去接納別人、包容別人，才會是幸福快樂的人。愛因為分享而更多，把自己閉塞起來，自己擁有的是非常有限的。

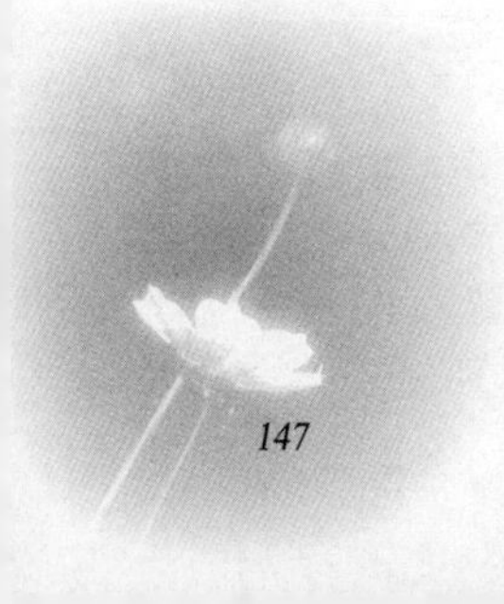

41 浪漫是生活的調色盤

所謂浪漫，是在時間中創造超然的剎那，並將瑣碎的事物折射出非凡的意義，迸出亮麗的光彩。我有一個學生在國中執教，每天上午搭固定的公車到學校，下午搭固定的公車回家，回家的路上，經過固定的一家麵包店，買固定款式的土司，做固定款式的三明治，二十年如一日。有一天聽了我說：「生活不是只有一種方程式。」她決定坐不一樣的公車，到不一樣的麵包店，買不一樣的麵包，做不一樣的三明治。第二天他先生說：「今天是什麼日子？」

習慣成為自然。我們日常生活，往往習以為常，千篇一律，日久就覺單調乏味。變，不一定更好，不變，一定不能更好。這個世界是變動不羈的，如果有人問你：「天下什麼道理不變？」我們可以回答說：「天下沒有一個道理不變，這個道理不變。」「常者，無常也；無常者，常道也。」當然，變的是現象，不變的是原理原則。我們天天要吃飯，但是也未定天天都是吃飯，偶而也可以吃麵、吃餃子。為什麼要天天吃中餐呢？偶而也可以換換口味，改吃西餐。戲法人人會變，巧妙各有不同，只要多一點巧思，生活可以變得更美好。

浪漫是部分的你，以童真的眼光看事物，保有生活中的美好。小男孩騎著竹掃把，自以為是驍勇善戰的大將軍；小女孩披上床單，自以為是楚楚動人的白雪公主，在小孩子們想像世界裡，擁有快樂的童年回憶。

「整齊中求變化，變化中見統一。」不只是藝術美學的原理，也是生活美學的原理。我們天天過日子，如果缺少一點點浪漫氣息，會是多麼的苦悶沒趣呀！浪漫讓我們獲得快樂，長保青常，熱情洋溢，生活充滿情趣。享受不在花錢多，快樂並不是有錢人的專利品，想的開就快樂，想不開就煩惱，如此而已。天天排隊吃自助餐，偶爾買個麵包牛奶，在樹下聽音樂，不是一種享受嗎？生活只要一點小小的變化，就變得非常浪漫了。我們不能常常搬新家，卻可以常常搬家具，把沙發換個位置，書桌換個角度，不是很有新意嗎？我們沒有錢出去吃飯，在家裡把一樣的飯菜，用餐盤重新擺設，不是也像外面的套餐嗎？

浪漫，使生命變得更多色彩，是幸福家庭的根源。加油！you can do it！

42 勤儉是持家的良方

「小富由勤，大富由天。」每個人都希望過好日子，吃的好、穿的好、住的好，想到那裡玩，就有錢到那裡玩，但是錢不會從天上掉下來，錢是要人努力工作賺來，只有極少數非常幸運的人，中了彩獎，發了大財，但是，這是可遇而不可求的，不是人人都有的機會。

每個家庭，開門七件事，油、米、柴、鹽、醬、醋、茶，什麼都要錢，尤其現在全世界通貨膨脹的問題非常嚴重、高油價、高物價、糧食短缺，一般人民的生活日益困難，謀生不易，晃論能有高水準的物質享受。

如果一個家庭只靠一份收入，家裡又有數口人家，小孩還在上學，一定是很辛苦在過日子，別說開學繳不起學費，很多孩子都繳不起營養午餐的錢。就算是雙薪的家庭，除非是中、高的收入，否則也是深深感受到生活的壓力，沈重的負擔。

當然，人對物質慾望是無止境的，沒有得吃，希望有得吃；有得吃，希望能吃飽、能吃好；有得吃飽、吃好，還要求有氣氛、有情調。沒有車的人，希望有個車，腳踏車、摩托車、汽車、逐步在升級，還要求有進口轎車，豪華轎車。住屋也是如此，從小房子到大房子，從郊區到城裡，從公寓到大廈，從大廈到別墅，真是求不完，苦不完。

人的需求是無限的，人的能力是有限的。俗話說：「貧賤夫妻百世哀。」窮苦人家的家庭是很辛苦的，每一筆錢都要算計得很清楚，夫妻之間、父母之間，常常為了金錢而吵架，為了金錢而煩惱痛苦。

當然錢多有錢多的生活，錢少有錢少的生活，沒有人有錢到不必吃飯，沒有人窮到沒有飯吃，除非不肯從事生產。很多人抱怨工作難找，那是因為很多人沒有努力去找工作，或是不屑去做卑微粗重的工作。大家都希望錢多、事少、離家近的工作，待遇愈好，要求的條件就愈嚴苛。機會留給準備好的人，大部分失業的人，都是還沒準備好的人。

想過好日子，當然要多賺錢，不能多賺錢就要少花錢。省錢也是一種賺錢的方式。譬如現在政府呼籲節能省碳政策，盡量坐公共運輸工具，就是省錢，能不出門就不出門，更省錢。

持家是不容易的，沒錢過日子，當然很痛苦，有錢人家也不見得就很快樂。有錢有有錢的快樂，有錢也有有錢的煩惱；沒錢有沒錢的煩惱，沒錢也有沒錢的恬適。日子算著過，日子總要過下去，要求不多，就很容易滿足，勤儉是持家的良方。

第八篇

人生的至真

《老子》第六十六章：「江海所以能為百谷王者，以其善下之，故能為百谷王。」

43 圓融是智者的通達

人生有智慧，生命就不會有無力感。俗話說：「做事難、做人更難。」其實，做人並不難，誠實為做人最佳的良策。做人最重要的要真、要誠，即所謂「做事實實在在，做人誠誠懇懇。」其次，做人要懂得圓融周到，不能有偏駁的思想。

天底下有陽光就有陰影，有白天就有夜晚，南半球白天，北半球就是夜晚；南半球是夜晚，北半球就是白天。我們看待任何一件事情，不能只見其一，不見其二，只見其利，不見其弊，要能面面俱到。

每個人都有私心，每個人都不能只有私心。很多人看待事情，都只從自己的角度，於是就有成見、主見、偏見。合於自己的意思，就認為是對，不合於自己的意思，就認為不對。其實所謂對與不對，並沒有一定，往往是相反相成。沒有左邊，那裡是右邊？沒有前面，什麼地方是後面？角度不同，觀點不同。樂觀的人看到問題後面的機會，悲觀的人看到機會前面的問題。

戴上藍色的眼鏡，看到的東西都是藍色的；戴上黑色的眼鏡，看到的東西都是黑色的。悲觀的人，看待事情都是悲傷憂鬱的；樂觀的人，看待事情都是歡樂喜悅的。這個世界本來就是未曾圓滿周全，宇宙生命雖然已經有數千萬年，但是到今天仍然在進化變動之中；人生本來就是不圓滿的，但是正因為如此，才有值得我們努力奮鬥的意義和價值。如果人生要什麼就有什麼，我們那裡那會有努力奮發的動力呢？

圓融不是圓滑，圓融是指對事情通達的看法和做法；圓滑則是對人、對事的不負責任，虛迤委蛇，無可無不可，對人逢迎巴結，對事推拖拉拆。圓融是中道的精神，圓滑是鄉愿的表現。

做人做事，該怎麼樣，就怎麼樣，不該怎麼樣，就不要怎麼樣；但是，理直而氣婉，而不是理直而氣盛。待人處世，貴在委婉和諧，而不是氣勢凌人。一個真正偉大的人，是不自認為偉大的人；一個自認為偉大的人，即使他有一些偉大，也因為他的驕傲，而不夠偉大。

圓融是智者的通達，智者知道人生是不圓滿的，所以他不會苛責自己，也不會苛責別人，能夠以一顆寬大的心，包容人生的殘缺。一個能夠接受人生不圓滿的人，才能開創圓滿的人生。圓融是對人對事通達的看法和做法，在做人處事各方面，都能夠考慮周詳，因人任事，不會求全責備。能夠欣賞別人的優點，也能接納別人的缺點。誰能只有優點而沒有缺點呢？

44 寬厚是仁者的度量

俗話說：「吃虧就是佔便宜。」為什麼吃虧就是佔便宜呢？一方面因為有能力吃虧的人，才會吃虧；二方面吃一次虧，學一次，這次吃小虧，下次便學得經驗，不會再吃虧，甚至是吃大虧，如此說來，雖然這次吃虧，不正因為免於下次的吃虧而佔了便宜嗎？在人與人的相處中，實在很難說誰佔誰的便宜，張三佔了李四便宜，可能李四佔了王五的便宜，而王五卻佔了張三便宜。

人類是互助的社會，每一個人從出生到老死，都要借助於很多人的協助、照顧，每一個人不只是消費者，也應該是生產者，只是能力大的人奉獻多，能力小的人奉獻少而已。天不生無用之人，除了沒有能力照顧自己的病人之外，每個人都有能力照顧自己，也多少有能力去照顧別人。

人生是計較不完的，怎麼叫多？怎麼叫少？很難定論，有人一餐要吃三碗、五碗飯，有人一餐只吃半碗、一碗飯，每個人的需要不同，對於只吃半碗、一碗飯的人，兩碗飯都嫌太多，何況是三碗、五碗飯呢？愛因為分享而更多，把自己多出來的能力去照顧、關懷別人，是有福氣的人。

天下事一得一失，得失互見。多了的東西，未必是好。沒有東西吃的人，當然很辛苦，但是吃太多的東西，也是對身體的負擔，對健康有害。凡事偏了都不好。

人生要捨得，體重太重的人，行動笨拙，體重輕盈的人，才能健步如飛，過重的體重，對人是一種負擔。家裡推滿太多的傢俱、雜物，即便非常珍貴，價值菲淺，也都成了累贅。如果對自己是多餘的，而對別人是急切需要的，幫助別人不只是一件善事，對自己也有好處。

能幫助別人的人，表示自己是有能力的人，幫助別人愈多，表示自己能力愈強。人是付出愈多，能力愈強，就像風箱，壓力愈大，風力愈強。一個人能力的大小，是從付出多少，彰顯出來的，付出愈多的人，能力愈強，一點都捨不得付出的人，再多的能力，都沒有意義。

寬厚得福，不只因為為善最樂，而且因為人生的事情很難說，今天我們有能力幫助別人，那天變得我們需要別人的幫助了。何況，人生的需要是多方面，我們在某一方面有能力幫助別人，未必在每一方面都有能力幫助別人，更可能在別的方面需要別人的幫助。寬厚待人，就像在銀行存款，是零存而整付，因為平常待人寬厚，樂於助人，到了自己有困難的時候，必然也會有很多的援手。一個不願意付出的人，誰願意付出給他呢？一個愈多付出的人，一定有愈多的回報。所以，寬厚是仁者的度量。

45 行善是勇者的志業

勇者，擇善固執，堅持做對的事，堅持把對的事做更好。勇者，義無反顧，雖千萬人吾往矣，勇者的力量，不是來自血氣的勇猛，而是來自對道德的堅持。

從前，孟子見齊宣王，苦口婆心勸他行王道。齊宣王推託說：「寡人有疾，寡好勇。」孟子回答說：「王請無好小勇。夫撫劍疾視曰：『彼惡敢當我哉！此匹夫之勇，敵一人者也。王請大之。』」勇有大小之分，小勇只能敵一人，大勇則能安天下。小勇是逞強鬥狠，大勇是行善最樂，能夠「博施於民，而能濟眾。」是「憂以天下，樂以天下。」以天下人的憂患為憂患，以天下人的快樂為快樂。

善就是義行，存好心、說好話、做好事、走好路，都是善。給人方便，給人歡喜，給人信心，給人力量，這是善行的最大效益。行善就能助人。助人的方法很多，佛家講佈施，有財佈施、有德佈施、有法佈施。宣道弘法是法佈施；助人財物是財佈施；助人為善是德佈施。不是每個人都有能力法佈施、財佈施，但是人人都能夠德佈施。

什麼是德佈施？簡單的說，就是散播愛心，推廣愛行。一個令人喜歡的人，往往不是因為他長相姣好，而是因為他充滿愛心。愛是一份關懷、一份體貼、一份包容、一份接納，因為有愛，世界才不再黑暗，而遍地明亮。

每天打開電視，翻開報紙，總有許多令人觸目驚心的悲慘事情在全世界各個角落發生，各種的天災、人禍，造成許許多多無辜的生命的喪亡、流離失所，有錢出錢，有力出力，沒有錢沒有力的人，也可以出愛心，可以表達我們的關切和慰問。及時伸出的援手，猶如佛陀再世，造福積德，令人感懷。勇者是主動、不斷伸出援手的人，甚至為了拯救別人，不惜犧牲自己的性命。

平日對別人多說鼓勵的話、讚美的話、肯定的話、安慰的話、關心的話、包容的話、商量的話，這是善言，善言也是積德，善言也是勇者的表現。勇者的特質，就是具有道德的信心和力量，只要對別人有好處的事，他都勇往直前，當仁不讓。

每天做一件善事並不難，說好話就是善事之一。除此之外，荒漠中的甘泉，特別珍貴難得。在別人失望絕望的時候，安慰他，激勵他，給予信心，給予力量，這也是日行一善。

天下有兩件事不能等，一是行孝，一是行善。「樹欲靜而風不止，子欲養而親不待。」不是我們想行孝，就有福氣行孝，所以行孝當及時。行善也是如此，有時一蹉跎，就會造成終生的遺憾。

勇者，見義勇為；勇者，為善最樂。勇者為了助人，可以犧牲自己，無怨無悔，一生以行善為志業。

46 智、仁、勇是人格的最高表現

孔子說：「知（智）者不惑，仁者不憂，勇者不懼。」為什麼智者不惑呢？智者燭見事理，明辨是非，故不惑。為什麼仁者不憂呢？仁者宅心寬厚，善待別人，故不憂。為什麼勇者不懼呢？勇者，見義勇為，當仁不讓，故不懼。一個人能成為智者、仁者、勇者，當然是人生最高尚的理想，是人格最成熟的表現。

智者是個聰明的人，是有知識、有判斷能力的人。「謠言止於智者」，智者能夠分辨事實的真相或假象，不會跟隨謠言起舞，也不會盲目附從，沒有自己的主見。

人生最重要的，是要能當家作主，作自己生命的主人，活在別人的陰影裡，永遠看不到自己生命的陽光。有智慧的人知道人是為自己而活，也知道人不只為自己而活。利己是生命的基調，利他是生命的價值。人要懂得如何安身立命，人也要懂得如何推己及人。知就是覺，覺己覺人，以先知覺後知，以先覺覺後覺。

知的工夫，不全是來自外在的學習。別人的經驗，固然值得取法、借鏡，自我的檢討省思，也非常重要。人生很多的道理，往往是在寧靜的沈思中，體悟而得；懂得靜思的人，是深得求知三昧的人。

孔子以一仁字統攝眾德。何謂仁？孔子對仁的解釋很多，其中以攀遲問仁，子曰：「愛人。」最為簡要圓滿。一個能愛人的人，一定能夠在人群中和別人維持良好的人際關係，一定能夠時時刻刻關心別人、照顧別人、體諒別人、包容別人，一定是個具有良好品德的仁者。

孔子的學說最合乎人性，人性都不免存乎偏私，所以孔子講愛人，是由愛自己開始，一個能愛自己的人，才會去愛別人，沒有一個不愛自己的人，而會去愛別人。推己及人，親親及遠。「己欲立而立人，己欲達而達人。」自己要在社會上站得住，也要使別人在社會上站得住；自己要事業能發達，也要使別人的事業能發達。」

勇有血氣之勇，有志氣之勇。逞強鬥狠是血氣之勇；堅毅果敢是志氣之勇。孟子說：「自反而不縮，雖褐寬博，吾不惴焉？自反而縮，雖千萬人吾往矣！」反省自己，覺得自己理虧，雖是一般小老百姓，我們心裡也會不自在的；自認為理直，就是有千萬人，也會勇往直前。志氣之勇是大勇，匹夫之勇是小勇。

「勇者不懼」，不只是不懼生死，也是指不懼強權、惡勢力。公理自在人心，我們對蠻橫無理、作威作福的人，是不必畏懼的。社會的公平正義是不容許被挑戰、被踐踏，我們為了捍衛社會的公平正義，可以不計代價，毫無妥協。孟子所謂「富貴不能淫，貧賤不能移，威武不能屈」的大丈夫的精神，就是勇者的形象。

「一匹當關，萬夫莫敵。」勇者的力量，不是來自血氣的勇猛，而是來自對道德的堅持；行仁之道，最重要的是要能克制自己，不為情牽，不受物累，不合於禮的事，勿視、勿聽、勿言、勿動；智者，知也，智者有知人之明，智者也有自知之明。智、仁、勇三者，是人生努力的目標。

47 守柔是和順的要領

一種米養百種人，每個人的個性不同，有的人剛強，有的柔弱。剛強的人如果是意志堅強，這是成功的基礎，剛強的人如果是固執己見，則是失敗的主因；柔弱的人如果是意志柔韌，便是不屈不撓的精神，如果是個性軟弱，則將百事無功。

我們常常因為心太剛強，所以跌得鼻青臉腫，心柔軟了，人就可愛了。人與人之間，每個人都有自己的個性、自己的思想、自己的主張，如果每個人都堅持自己的看法，互不相讓，則很難協調溝通。硬碰硬的結果，一定是玉石俱毀，彼此都受到傷害。

人生苦短，實在沒有什麼好計較的，要計較也永遠計較不完。清康熙朝大學士張英的家人在家鄉與鄰居發生土地糾紛，張英寫了一首詩給他的家人：

「千里修書為一牆，讓他三尺又何妨。萬里長城今猶在，不見當年秦始皇。」浪淘盡千古風流人物，人生如潮水，潮來潮往，數十寒暑而已，太剛烈的個性，不但別人受不了，自己也會很難過。

柔軟不是懦弱，柔軟是有更大的彈性，更多的包容。心有多寬，世界就有多寬。天下事得失互見，許多事情，就算爭贏了，未必是得，爭輸了也未必是失。塞翁失馬的故事，告訴我們，得與失，原無一定。塞翁丟失了母馬是失，母馬帶了一群公的野馬回來是得；塞翁的兒子訓練野馬，受傷成了殘廢，又是失；發生戰爭，身體健壯的都被徵召去當兵，當兵的都陣亡，塞翁的兒子因為殘廢，不用去打仗，所以活命，又是得。

中國古代的老子是很有智慧的人，他觀察宇宙的自然現象發現天地萬物，一到強大盛壯的時候，便開始趨於衰敗，而逞強鬥狠的人，沒有一個有好下場。因此，老子以剛強為戒，主張守柔處下。老子是從自然界生、成、住、滅的現象，觀察體會而得，值得我們細細品味和深思。

《老子》第七十六章：「人之生也柔弱，其死也堅強；萬物草木之生也柔脆，其死也枯槁。故堅強者死之徒，柔弱者生之徒。是以兵強則不勝，木強則兵。強大處下，柔弱處上。」人活著的時候，身體是柔軟的，死後就變為僵硬；花草樹木生長的時候，形質是柔脆的，死後就變為枯槁。可見凡是柔弱的，都是屬於能生存的一類，凡是堅強的，都是屬於會死亡的一類。

《老子》第四十二章：「強梁者不得其死。」性情剛暴的人，不得善終。而水是天下最柔弱的東西，卻能夠駕馭天下最堅強的東西，我們看水壩洩洪，威力的強大兇猛，是令人驚嘆的。

處在今日複雜的人際關係中，示虛、守柔、處下，無疑是最安全可靠的待人處世之道。強中自有強中手，我們不要跟別人比強。守柔者最強。

48 處下是為上的途徑

在各種人際關係中，有長幼尊卑的不同；在各個行政體制、企業公司行號，也有長官部屬的關係，有領導階層，有被領導階層。身為領導階層的人，他的能力和地位，當然應該被肯定、尊重，但是不能因為身居要津，高高在上，就驕矜自滿，恁意役使下屬。古代的帝王自稱孤、寡、不轂，因為他們知道貴以賤為根本，高以下為基礎。

天下的事情，有時表面看來受損，其實是得益；而表面看來是得益的，實際上卻是受損。水的特質，不只是柔弱，而且善於自處卑下。《老子》第六十六章：「江海所以能為百谷王者，以其善下之，故能為百谷王。」江海所以能夠成為百川之王，使天下的河流奔往匯歸，是因它善於自處低下的地位。

另外，水能滋養萬物，但是不和萬物相爭，蓄居於大家所厭惡的卑下之處。上善的人要像水一樣，才能幾近於道。

處下是為了為上。擔任主管的人，不是事必躬親，要能分層負責，分工合作，領導階層的人，應該注重策略的發展，計劃的擬定，是帶領公司、企業永續發展的火車頭，而不是大小事情都要參與負責。用人不疑，疑人不用，主管對於部屬，除了工作上的要求，產品的品質管理，在人際關係上，應該非常客氣、尊重。職位有高低，人格不以職位的高低分高低，長官對下屬的尊重，長官才能得到下屬的敬重。

是非總因強出頭。聰明的長官，只管大事，自己很悠閒，部屬又很敬重；不聰明的長官，大小事情都要管，自己十分辛苦勞累，部屬又多抱怨。自然界所以能夠維持和諧、平衡的秩序，是因為天地對於萬物採取自由放任、無為而無的態度，如果天地對於萬物有太多的干涉、作為，天下必將大亂，秩序必然失調。

為政之道，要能體天而行。《老子》第二章：「聖人處無為之事，行不言之教。萬物作為而不辭，生而不有，為而不恃，功成而不居，夫唯不居，是以不去。」在上位的人要學習天道的自然無為而無不為的精神。天地萬物是道所創生，我們卻看不到道的作為，道的作為是純任自然，不偏不私，虛靜無功，它不居功，所以無人能和它爭功。爭名利，爭得失，爭是非，都是起於私心，天地無私，所以能成其大，在上位人，也要能夠大公無私，才不會有爭執、怨尤。

態度決定高度。「謙受益，滿招損。」謙虛的人才能受尊敬，驕傲的人則令人厭惡。在上位的人以處下的心來對待部屬，一方面可以體察部屬的辛苦，一方面表示與部屬一視同仁，同體同悲，上下一心。那麼，任何的行政體制，企業公司行號，必然業務興旺，所有員工都工作愉快。

第九篇

人生的至善

用財富裝飾房子，用智慧裝飾人生。活到老，學到老，學習是一輩子的事。

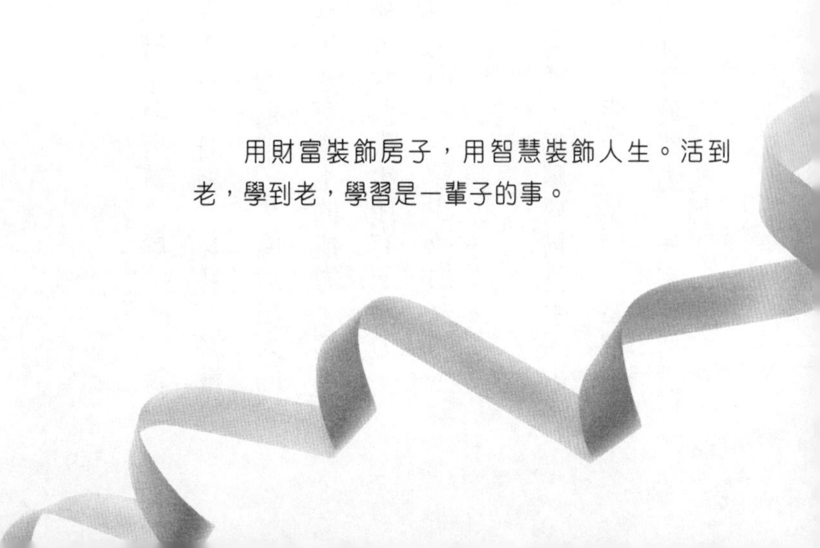

49 教育是人生的美化

我們常常聽到有人說：「書中自有顏如玉」、「書中自有黃金屋」、「書中自有千鍾粟」，以為讀書的目的，只在於以上這些方面的追求。其實，讀書的功用，在於明理，在於明做人、做事之理，懂得做人的道理，才能活出人的自在自得，知道人生的意義和價值；懂得做事的道理，才有謀生的能力，追求美好的生活品質。有能力就有機會，有工作就有報酬。我們人生所有的努力，都是為了改善生活，改善自己的生活，改善家人的生活，改善親戚朋友的生活，改善社會大眾的生活，甚至是為了改善全人類的生活。

人的生活，包括物質生活和精神生活，衣食住行育樂，都屬於物質生活，美化人生當然可以從改善物質生活開始，美酒、美食、豪宅、華服，當然都是美的生活饗宴，但是奢華的物質享受，不是每個人都有的能力，「室雅何需大」，雖然只是斗室一方，只要整理得井然有序，一塵不染，也可以是人間淨土。

屋寬不如心寬，豪華的物質生活不是每個人都有條件享受，可是豁達開朗的心靈，是人人都可以修養得到。人生的美化，最重要的是內心的感覺，如果沒有一顆安定的心，自在的心，再貴的豪宅轎車、錦衣玉食，也無心享樂，相反的，只要內心自得自足，怡然快樂，就是粗茶淡飯，也是吃得津津有味。

教育的目的，不只是人才的訓練，培養賺錢的能力，更為重要的是教導如何生活，體會幸福的真諦。科技的昌明，使人類的物質生活愈來愈富裕充沛，愈來愈便捷舒適，可是物質生活的改善，並沒有使人更快樂、更幸福。為了爭奪能源、糧食，為了宗教信仰、政治野心，人類一直生活在恐懼、不安全、生存危機之中，M型社會，兩極化發展，富者更富，貧者益貧，物價的飆漲，使大多數的小老百姓苦不堪言。

「科技改善生活，人文提升生命。」當科技不能改善每一個人的生活，只能靠人文思想來救贖人民的生命。每個人都有權利活下去，每個人都有權利更美好的生活。事在人為，人靠自己救助自己，一個人等待別人的施捨，這是很辛苦的事。

每個人要量力而為，用自己的因緣過生活，有什麼條件，過什麼生活，不要逞強，不要虛驕，也不必裝貧裝窮。路是無限的開展，只要努力，就有成功的機會，機會留給準備好的人，教育是改善生活最好的利器，教育是脫離貧困最有效的方法，「富潤屋，德潤身。」透過教育，使我們有能力賺錢，可以享受美好的物質生活；透過教育，使我們有正確的人生觀照，有高尚的情操，知道人生的美、內在的心靈重於外在的形貌。

50 教育是文化的傳承

滾滾長江，洶湧澎湃，氣象萬千，其源頭只是高原上的涓涓細流；猗猗菉竹，枝葉扶疏，迎風招展，其根柢也只是黃土下初生的萌芽。不管我們今天的成就如何，不管我們明日的遠景怎麼樣？我們都不能忘本。

人不能忘本。我們吃的飯，不是自己種的米；我們穿的衣，不是自己織的布。我們之所以有今天，是父母生養教育的大恩大德，以及老師們的諄諄教誨、朋友的關懷鼓勵、長輩長官的提攜照顧……。雖然沒有一個人的成功，不需要靠自己的努力，但是沒有上述這麼多人的愛護與支持，光靠自己的努力是不夠的。父母的成就，也許不如兒女；老師的社會地位，也許比不上學生，但是沒有父母長年的辛苦拉拔，以及所有關愛我們的人的肯定與慰藉，我們不可能長大成人，立足社會，貢獻國家。

中華文化源遠流長，博大精深，它不但是我國立國精神之所寄，更是國脈民命之所繫。中國人創造了中華文化，中華文化更塑造了中華兒女的民族性格。如何發揚中華文化，如何保留優良的文化傳統，是每個從事教育工作者的責任，因為教育是文化的傳承。

十八世紀，英國產業革命之後，西方科技的發展，日以千里帶動人類生活的重大改變與改善；各種高科技產品的發明，使機器代替人力，提昇生產的質與量，人類的物質生活，日益富足、安逸、舒適、美滿，對人類有很大的貢獻。不過，人類的生活，不只是物質而已，還有精神生活。

生理的需求，當然是人類最基本的慾望，但是人類在吃飽喝足之後，仍然還有其他的需求，譬如愛的需求、被尊重的需求，被社會接納的需求，以及自我實現的需求等等，這些方面需求的滿足，不全然是從物質可以一一取得，而要從精神的層次，提升、淨化、認同。

科技改善生活，人文提升生命，到底生命的深層意義是什麼？到底我們要如何才能活得有尊嚴、有價值？如何尋覓一塊人間的淨土，並不是出走國外，或遁入山林，與世俗隔絕。我們如何淨化、美化這塊土地，才是當務之急。

近代西方文化的最大成就，在於盡物之性，而以孔、孟、儒家思想為核心的中華文化，長久以來最大的成就，則在於盡人之性。因為強調以人為本，物為末，所以中華文化能夠培養和諧的人生，推其極致，可以贊天地之化育，而與天地參。孔孟的倫理思想是中華文化最珍貴的瑰寶。

教育是文化的傳承。教育工作不只在傳授知識與技能，培養學生成為有用的人才，更為重要的是讓學生不能忘本，尊重、敬愛個人生命的根源，以及民族、國家成長與發展的脈動，讓每一個中華兒女體認中華文化的博大精深，而且傳延下去，擴大對世界人類的影響。

51 教育是真理的探索

上學讀書，最重要的是要知道為什麼讀書？以及如何讀書？讀書的目的，每個人有不同的答案。有人說讀書是為了興趣，因為他喜歡讀書；有人說讀書是為討父母歡喜，可以光宗耀祖；有人說讀書是為了取得高學歷，可以嫁個好老公，娶漂亮太太……。

我認為以上的答案都很有道理，但是最基本的，讀書是為了明理、講理。如果一個人不明理、不講理，他就不知道人生的意義和價值，他也不能和別人和諧相處，維持良好的人際關係，享受幸福美滿的人生。

接受教育的目的，不只是為了博聞強記，出口成章，做個有學問的人，讀書不是為了滿足虛榮心，炫耀自己的才華，而是要有能力分辨是非善惡，知所取捨。人生最大的問題，在於一個「惑」子。人的一生，有許許多多的疑惑和誘惑，人要有很高的智慧和很大的毅力，才能解決各種的疑惑，和抗拒許多的誘惑。

解決疑惑和抗拒誘惑，最重要的動力，是一個「理」字。古人說：「智者不惑，仁者不憂，勇者不懼。」智者何以不惑？因為智者能夠明辨事理，洞燭機先，對事物都有清楚的了解和判斷，所以能夠不惑。

我們對事理看不清楚，就會有疑惑。做學問的正確態度，是要能夠知其然，也要能夠知其所以然，不可以似懂非懂，不懂裝懂，含混過去。

孔子說：「知之為知之，不知為不知，是知也。」孔子的意思，知道就說知道，不知道就說不知道，強不知以為知，就是騙人騙己。騙人的行為，沒有好處，受害的還是自己。

學問、學問，是又學又問，不學不問，不足以為學問。教育的學習，就是對不明白的道理，要問到明明白白、清清楚楚才可以。打破沙鍋問到底，是一種認真負責的學問態度，讀書人必須要有這種執著，凡事要求正確、真實、清楚、明白。

教育的意義，不只是為了探求真理，也是為了實踐真理；教育的目的，不只在於明理，更在於講理。一事有一事的理，一物有一物的理，任何的遊戲，都要有一套完善的遊戲規章，玩遊戲的人，人人都要遵守遊戲規則。遊戲規則，就是理，就是法。講理的人，是守本分的人，講理的人，規規矩矩，信守分際，有所為，有所不為，不會逾越綱紀，為非作歹，做出傷天害理、傷人害己的事。

講理的人，也是守信用的人。誠信是一個人的第二生命，講理的人，知道誠信的重要，所以會遵守誠信，重然諾，說話算話，言出必行。

教育是真理的探求，所謂真理，不只是自然的奧秘，也包括人情世故的法則，在尋尋覓覓的過程中，為的是要求個人生的自得自在。

52 教育是智慧的啟發

資源有限，創意無限。青年雙手，人類的希望。生命是有限的，我們只有有限的歲月、有限的體力、有限的財富、有限的智慧，我們只能在有限中追求無限，我們不能在無限中追求無限。教育是智慧的啟發，是化有限為無限，把有限的條件，變成無限的可能。

人的一生要經過幾個不同的教育階段，有學前教育、幼稚教育、國小教育、中學教育、大學教育、研究所教育……，每一階段都有其教育目標、教育內容、教育方法，但是整體而言，教育是智慧的啟發，是把人類潛在的能力開發出來。

人生的成就是多方面的，學業成績不是唯一的取向。教國文的老師，希望學生的國文都能考一百分；教英文的老師，希望學生的英文都能考一百分；

教數學的老師，希望學生的教學都能考一百分。不是每個學生都能國文考一百分、英文考一百分、數學考一百分，所有老師的共同責任，是幫助學生發現他的一百分在那裡。國文老師能夠幫助學生的一百分是在美術，或是在音樂，也是國文老師的成就。

做一個人，最重要的是要找到自己的人生定位、歷史的座標。人死的時候，不是什麼東西留給棺材，而是什麼東西留給歷史。上帝帶走歌者，帶不走歌，人總會老死，但是人的成就，不會因為生命的逍逝而逍逝。教育的意義，就是幫助受教者如何發揮他的智慧和能力，對人類有傑出的貢獻。

一枝草，一點露。天不生無用之人，每個人就像一堆能源，能源要藉由催化的作用，才能產生能量，教育所扮演的角色也是如此。教育的力量，可以點石成金，化腐朽為神奇。

人品萬端，教育工作者要能因材施教，不輕易放棄學生，教育工作者可能因為放棄一名學生，就毀了這名學生的一生，把問題學生丟給社會，只會增加社會更多、更大的問題。何況天下沒有不可教育的學生，只有不會教育的老師，沒有一個學生不能成為可造之材，問題是有沒有用對方法。

一個適合學音樂的學生，勉強要他成為體育選手，當然是捍格不入，就像一槐木料，只能作成椅子，卻要作成桌子，當然是不對的。

人的潛力是無限的，可是多半的人都不自知。有先知先覺者，有後知後覺者，有不知不覺者，只有先知先覺者有自知之明，知道自己能做什麼，大部分的人都是要藉由教育才能學得自己潛在的能力在那裡。老師是一面鏡子，透過老師這一面鏡子，學生看到自己的未來。

教育工作是「悟」人子弟，不是「誤」人子弟，是「誨」人不倦，不是「毀」人不倦。使自己有名是名師，使學生有名是良師。一位成功的教育工作者，最了不起的地方，就是要能教育出一批一批的人才，能夠啟發學生的智慧，開美麗的花、結碩大的果。

53 教育是人才的培養

人的各種能力，多半不是天生就會的，而是後天學得的。與生就有的知識叫良知，與生就有的能力叫良能，人生到底有多少良知、良能呢？應該是不多的。人從家庭到了學校，人才有規律、系統的學習知識和技能。

一名好的老師，要有慈母般的愛心，也要有園丁般的耐心。母愛的偉大，大家都感同身受。母親對於自己的兒女，不管是聰明或愚笨，美麗或醜陋，健康或多病，都同樣的疼愛、關心，給予同等的照顧和對待。老師對於學生，也是本著有教無類的精神，不管其家庭背景、個人能力、學習態度，每個學生在老師心目中應該都一樣的重要，一樣的珍惜。世界上只有兩種人對別人的成功是不嫉妒，對別人的愛心是無怨無悔，一是父母，一是老師，父母與老師對於兒女和學生的付出，都是不求報償的。

每個孩子的個性不同，學習能力也不一樣，有的反應很快，有的反應很慢；有的內向，有的外向。老師對學生的教導，就像園丁照顧花木一樣，細心又耐心。園丁植花木，從播種開始，經過灌溉、施肥、除草等等繁瑣的工作，不辭風吹日晒、雨淋，非常的辛苦，然後才能看到小苗長高，小樹長大，開花結果，成就豐碩。老師對學生的教誨也是如此，循循善誘，因材施教，「十年樹木，百年樹人。」正足以形容老師的偉大和貢獻。

老師是人類心靈的工程師，每個學生像能源一樣，必須有催化劑，才能產生熾熱功能，老師就是扮演催化劑的角色；老師也像是一面鏡子，學生從老師這個鏡子，看見自己的未來，也看見自己的優點與缺點，以及該追求的和該放棄的。老師像是海上的燈塔，燈塔指引來往的船隻不要迷失方向，老師引導學生走向人生的正途。老師像園丁種樹，園丁在小樹旁邊綁著小木條、小竹棍，以免小樹長歪、長斜，等到小樹長正以後，便取去那根小木條、小竹棍。老師對於學生就像小樹未長成前，綁在小樹旁邊的小木條、小竹棍，老師是學生的引導者。

人生有許多的風風雨雨，老師和父母都不能替代學生或兒女擋風遮雨，每個人都必須自己承擔人生的大風大浪、狂風暴雨。「各人吃飯各人飽，各人業力各人了。」老師只是引導者，教育是人才的培養，學生透過教育的訓練和學習，增長智慧、能力，接受生命的挑戰，開創璀璨的人生。

學校是一座座的寶庫，我們在各個學校，小學、中學、大學，以至社會、工作崗位，不斷的吸收熱、吸收光，溫暖自己、照亮自己，並且有能力放散熱、放散光，溫暖別人，照亮別人。

54 教育是終身的學習

學習是一輩子的事，活到老，學到老，學不了。人生有太多要學的事，太多想學的事，尤其在科技非常昌盛發達的今天，各種知識、資訊，日新月異，不斷的快速進步，趕不上時代腳步的人，很容易就被淘汰。優勝劣敗的道理，自古已然，於今為甚。知識就是權力，知識就是力量；誰掌握資訊，誰掌握財富。

以前，師長們告誡我們：「保持現狀，就是落伍。」今日，我們告誡學生：「進步少，就是落伍。」社會的各項進步，日以千里，我們不能再關起門來，夜郎自大，沾沾自喜，「學然後知不足，教然後知困。」《莊子》一書有一則很有名的寓言，河伯到了北海，望洋興嘆，原以為河水浩蕩，已經很了不起，看見大海磅礡，才自覺渺小。我們到了大型書店、圖書館，見了書海浩瀚，就會了解學海無涯的道理。

不是每個人都有機會進學校唸書，求得學位，但是每個人天天都要學習，「日知其所亡，月無忘其所能。」人生是一本大書，人生到處都是學問，人生隨時都在學習，學習是一輩子的事。我們要學習的，不只是知識、技能，更重要的是生活的態度和習慣。

學習的內容很廣，面對浩瀚的書海，真有「一部二十五史不知從何說起」的慨嘆。簡單的說，學習就是生活，生活就是學習。學習是生活的一部分，學習並不是在生活之外，別有一套學問，學是為了用，學而不能用，不如不學。學習並不是奢侈品，學習並不是富貴人家的專利品，學習並不是不食人間煙火，學習要落實在生活中，才有意義，才有價值。所以，生活就是學習的主題，生活就是學習的內涵。

學習是為了改善生活，是為了使生活更為舒坦、愉悅、富足、康樂。人的生活包括物質生活和精神生活，人生的需求，不只是吃飽喝足，享受豪宅、轎車、珠寶、華服，人生最重要的是要求得一顆安定的心，快樂為人生第一要義。所以，人的一生，孳孳努力的，不只是物質生活的享受，也包括內心的安定、自足。

一顆學習的心，是一顆年輕的心，永遠學習，永遠年輕，永遠年輕，永遠快樂。我們用財富裝飾房子，我們用智慧裝飾人生。學習是為了增長智慧和技能，學習不是只為了堆積知識。學習的意義，一方面要學，一方面要習，一面作一面學，一面學一面作，要學思並重，要知行合一，理論與實務要能結合在一起，而不是只會吊書袋、兩腳書櫥而已。

活到老，學到老，學習是一輩子的事。

第十篇

人生的至美

擁有一顆自由開放的心。無為無求，一切放下，我們對外物的依賴愈少，才愈能領略美的存在。

55 美是心中有大愛

美是個抽象名詞，美與善同義，我們說一個人長得漂亮叫美，我們說東西好吃叫美（味），我們說天氣很好，叫氣候很美；凡是令我們產生愉快心情，都叫美，好的繪畫，好的音樂，令我們賞心悅目，都很美。美是客觀的事實，美也是主觀的認定。如果事物本身不美，我們如何能看出它的美呢？如果我們沒有一顆欣賞美的心，又如何能夠看出事物的美呢？美在物，美也在心，美是心物的合一。

情人眼裡出西施。美雖然有共同的特質，可是每個人對美的標準的認同，也會有差別。環肥燕瘦，每個人的審美觀念不同，每個地方的審美觀念不同，每個時代的審美觀念不同。張三認為美的，李四未必認為美，張三以前認為美的，現在未必認為美；張三現在認為美的，以後未必認為美。

小時了了，大未必佳。小時長得很可愛，長大未必很美麗，長大很美麗的，小時候未必很可愛。美未必是指生理上的，更重要的心理上的。青春容顏不能久留，美妙身材不可長恃，人生最重要的是要擁有一顆漂亮的心，一顆善良的心，而不是姣好的身材，美麗的容貌。

不是每個人都長得漂亮，可是每個人都可以活得漂亮；長得漂亮是運氣，活得漂亮是能力。一張漂亮的人，不如一顆漂亮的心。能夠長得漂亮，是每個人所希冀盼望的，但是如果不能長得很漂亮，我們依然可以活得很漂亮。

美是心中有大愛，美是心存感恩，美是知福惜福。形貌安祥的人，能發出自然的光輝。一個人能夠知福、惜福，不忮無求，形貌當然安祥和諧，慈顏善目，令人喜愛，令人樂於親近。心存感恩的人，人生不美也難。反之，一個內心充滿怨怒、仇恨，老是覺得老天對他不公平，別人常常對不起他，這種人的相貌一定是醜惡不美。美不在於外表的風華，美在於內心自然呈現的光輝。

誠於中，形於外。內心是最真實無偽，化妝品的裝扮，可以掩遮外表的一些瑕疵，卻掩飾不了內在的空虛、茫然、無助。一個自私的心，心中只有自己，沒有別人，你不關心別人，別人為什麼會關心你呢？相反的，一個愈能關心別人的人，愈能得到別人的關心。愛因為分享而更多，愈多幫助別人的人能力愈強，成就愈大。

做人不能沒有自己，做人不能只有自己。很多人把自己閉塞起來，關在家裡，攬鏡自視，覺得自己這個不好，那個不好，自怨自歎，真是苦命。其實，老天是很公平的，不會把所有的好處都給一個人，也不會把所有的壞處，都給另一個人。快樂的人不是沒有失意的事，而是不以失意為失意，當一個人能承擔五百斤的痛苦，而只有五十斤的痛苦時，這痛苦就不算痛苦了，如果一個人只能承擔五公斤的痛苦，而要承擔五十斤時，就苦不堪言了。痛苦是可以轉移的，當心裡想的是別人的痛苦，就不會在意自己的痛苦了。

56 美是給心靈保留一片自由的空間

德國美學家席勒《審美教育書簡》一書說：「通過自由去給予自由，這就是審美的國度的法律。」自由是藝術的第一義，自由是美的重要特質之一。我們在欣賞美的時候，一定是全神貫注於所欣賞的那一個孤立絕緣的意象，是在有限的存在中，馳騁於無限想像的空間，美是一種感覺的活動，是心靈的自由開放。

我們擁有一顆自由開放的心，才能領略自然與藝術作品的美。無為無求，一切放下，我們對外物的依賴愈少，才愈能領略美的存在。我們在欣賞美的景物和藝術作品時，除了所欣賞的景物和藝術作品之外，任何相關的實用性或價值等等概念，都不放在心上，才能完完全全以最寬最廣的心靈，接納所欣賞的景色和藝術作品。

夢是一種精神的解脫。在現實生活中，我們有許多不敢做的事，不敢說的話，不可能實現的理想，往往在夢境裡呈現出來，夢是一種自由的活動，夢彌補人類在現實生活中受到的壓抑和限制。《莊子．齊物論》中，莊子夢為蝴蝶，「栩栩然蝴蝶也，自喻適志也。」蝴蝶的飛翔，自由自在，不受任何拘束，不像人在現實的人生，有許許多多的羈絆、瓜葛。莊子雖然個性豪放曠達，但是生活貧困，未必能夠事事順心如意，所以在夢境裡，依然要以栩栩然自由飛舞的蝴蝶，來「自喻適志。」不過，莊子高明的地方，是在他覺醒之後，回想夢為蝴蝶的事，「蘧蘧然周也」，不知前此的蝴蝶是否莊周所夢，也不知道今此的莊周是否蝴蝶所夢，莊周與蝴蝶，已經相合為一。人與物化，物我不分，這是美感的世界，也是自由的世界。

我們一般人執著於有無之間，所以會放不開而罣礙難行；我們日常生活中，往往受到情牽和物累，動輒得咎，痛苦不堪，人要放開一切，才能獲得一切，心有罣礙，寸步難行，心無罣礙，海闊天空。我們如果能夠消解所有的情牽和物累，就能無罣無礙，徜徉於自由無限的逍遙世界。

通過自由，才能獲得自由。自由是一種心態，給心靈保留一片自由的空間，才能享受藝術的美、生活的美。藝術貴在創造，不在模倣，藝術並不是真實的再現，藝術的美，必然要有想像的空間。人生的美也是如此，如果日子過得太緊張、太倉促，一定不能體會悠閒之美。我們常常行色匆匆，失掉了很多身邊垂手可得的人生之美。

57 真、善、美是人生的指標

人的一生，在追求至真、至善、至美。至真、至善、至美，是人類共同的理想，當然，至真、至善、至美的理想，是永無止境的，所以人類從古至今，都還在努力之中，都還未止息。

所謂真，是本性的自然，不虛假、不造作。真是實，真是誠，真是不虛驕、不狂妄自在。真是實實在在、誠誠懇懇，真與誠同義。唯天下至誠，為能經綸天下，充實而有光輝；不誠無物，不誠的人，沒有一件事情可以辦得好。真字的精義也是如此，表真心、說真話、做真事的人，才能頂天立地，俯仰無愧，受人敬重。反之，一個內心不真實的人，說假話、說假事，一定得不到別人的信任、敬重。真是「知之為知之，不知為不知。」不要強不知以為知；真是有就有，沒有就沒有，不要沒有裝有。有人向微生高要醋，微生高自己家裡

沒醋，跑去向鄰居要了醋給人家，孔子對微生高這種行為，就有所批評。（見《論語．公冶長》

所謂善，就是對的、好的。善與義同意，俗話說：「為善最樂。善事就是義行，存好心、說好話、做好事、走好路，都是善，都是義。「義者、宜也。」合宜的事情，叫義。蔣公解釋四維中的義，是「正正當當的行為。」正正當當的行為，當然也是善，青年守則：「助人為快樂之本。」助人行善，為善最樂。

童子軍訓條：「日行一善。」每天做一件善事並不難，口說好話，也是善行之一。美好的人生，由愛所激發，由知識所引導。教育部多年前提倡「好話大家說，大家說好話。」運動，鼓勵全民說好話，促進社會的祥和安定，這是非常有意義的事。

給人方便，給人歡喜，給人信心，給人力量，是善行的最大效益。在別人有困難的時候，助他一臂之力，給予方便；在別人痛苦的時候，讓他轉苦為樂，給予歡喜；在別人生心疑惑，拿不定主意的時候，鼓勵他、安慰他，給予信心；在別人失望、絕望的時候，肯定他、激勵他，給予力量，這些都是善事。行善當及時，及時伸出的援手，帶給別人的信心和希望、溫暖與友情，如同佛陀再世，造福積德，令人感懷。

美是個抽象名詞，何者為美？何者為不美？恆無定論。不過，美雖然是主觀的判斷，而要有客觀的理論作基礎，一般而言，是指整齊為美、對稱為美、和諧為美、適中為美，看的順眼為美。在美感經驗中，我們欣賞美的時候，一定是全神貫注於所欣賞的那一個孤立絕緣的意象，無為無求，沒有想到它的實用性和它分別的事物的關連性，截斷眾流，甚至到了物我兩忘，天人合一的境界。

美讓我們精神愉快，因為美的欣賞，是在有限的存在中，馳騁無限的想像空間；美是一種感覺的活動，美是心靈的自由開放。

至真、至善、至美，是人類永無止境的追求。真是真性情、真本色；善是善心、善行，做幫助別人也幫助自己的事；美是讓心靈自由開放，充滿快樂、喜悅的享受。

58 教育是美感的追求

教育是生活的學習，學習至真、至善、至美的生活品質。其中尤以美感的追求，最為重要，美是一種存心，美感的人生，不只因為有豐富的物質享受，更重要的是來自內心的平和安定、愉悅自足。

美的特質，是自由與無限。我們在欣賞美時，一定是全神貫注於所欣賞的那一個孤立絕緣的意象，是在有限的存在中，馳騁於無限的想像的空間。美是一種感覺的活動，是心靈的自由開放，所以要有一顆自由開放的心，才能領略自然與藝術的美，以及生活的美。當我們全心全意在品嚐一杯佳茗的時候，聞其香、觀其色、品其味，置身當下，心裡沒有任何成見，只是就茶論茶，淡茶的清香，濃茶的醇郁，各有勝境。茶的品種不重要，茶的價格不重要，茶具的精粗不重要，手持的那一杯茶湯，才是唯一的關注。

好是沒有極限的，物質的享受，是講究不完的，好還要更好，多還要更多。我常常有機會和朋友餐敘，也就常常有機會喝酒。當然，每個人的酒量不同，每個人對酒的喜好不同，紅酒、白酒、高粱、威士忌、白蘭地，酒精的純度、酒的味道也各有不同；可是每次酒足飯飽之後，回憶起來，全都忘記酒的香醇，酒的美味。在杯觥交集，歡笑談論中，那會細細品味呢？

人生的美，是要細細品味的。我們總是行色匆匆，忽略了許多眼前的美景。有人說：人生的美好，常是失去了才會珍惜。

教育不是知識的累積，而是生命的體驗，教育如果脫離了生命，就失去意義，失去核心價值，教育最主要的功能，在於改善生活，提昇生活品質，懂得對美感的追求，使人生美化。好聽的話是美，如何說好聽的話是美的動力；好吃的食物是美，如何運用烹調的技術，使好吃的食物更好吃，是美上加美。漂亮的衣服，需要搭配適當的飾品；美麗的豪宅，也要有合適的傢俱襯托。

室雅何需大。有美麗的豪宅，當然令人羨慕，即便只是木造小屋，「窗小能邀月，簷低無礙雲」，一樣能自得自樂。生活的美感，最重要的是來自心境的安祥自在，粗茶淡飯有時勝過美食佳餚。教育的目的，不在於教我們追求奢華的物質享受。能夠有能力過富裕的人，當然不必故意拒絕推辭，沒有能力享受豪華的物質享受，也要能隨緣。美感的追求，重要的在心，不在物。人生無處不美，貴在一顆欣賞美的心，享受美的心。

59 說話是生活的美學

我們每天都在開口說話，可是未必都能說得體的話，有時說者無心，而聽者有意，造成不必要的誤解和傷害，說話是一門藝術，說話是一門生活美學。

「禍從口無遮攔起，福由說話得體出。」說話是一種習慣，有人習慣說溫柔的話、說客氣的話、說鼓勵的話、說關心的話、說感謝的話；有人則習慣說風涼的話、說批評的話、說諷刺的話、說否定的話、說不理性的話。大家說好話，好話大家說，我們應該多說好話，多說一些對別人有用、受別人歡迎的話，共同建立祥和的社會，人間的淨土。

求真、求善、求美，是人生永無止境的追求目標。美的追求是無限的，在探討說話美學之前，先要了解美的涵義。凡能引起愉快經驗的，都可以稱為美，美是一種恰到好處的協調和適中。一般來說，關於美的見解，大致可以分為二類，一類著重客觀的事實，認為美是一種屬性，物的自身本來就有美，人不過是被動的鑑賞者，所以認為美的條件是「對稱」、「寓整齊於變化」、「全體一貫」、「入情入理」等原則。

另一類則著重在主觀的價值判斷，認為美是一種概念或理想，表現這種概念或理想，才算是美，因此認為美的條件是真、善、道德、有用。說話的美，從客觀的事實來看，就是如何講求技巧；從主觀的價值來看，就是判斷其功能與作用。

藝術美的創造，動力是感情，素材是生活，說話的美，也是如此。沒有真摯的感情，創作不出優美的作品，沒有真摯的感情，也表現不出成功的演說。誠於中，形於外，能感動自己，才能感動別人。發自內心最真實的聲音，才是最美麗的聲音；發自內心最真實的聲音，才是最動人的聲音。

要有美麗的言辭，先要有美麗的心靈。美麗的言辭，要有豐富的學養，豐富的人生經驗，以及精心的設計，這不是人人都有的能力和條件，但是一顆美麗的心靈，發乎至誠，是每一個人與生俱備的。我們寧可一個人有一顆真誠的心，而嘴巴笨一點，而不要伶牙俐齒、咄咄逼人，或是花言巧語，美麗動聽，卻虛情假意，存心不良，別有企圖。

說話的美，包括藝術的技巧和豐富的內涵。我們要追求說話的美，先要了解說話的美是指什麼？第一，充實為美。內容為主，技巧為輔，沒有內容，談何技巧，要想表現說話的美，首先要有充分完善的準備，內容豐富，言之有物。其次，優雅為美。語言的陳述，力求優雅，不宜俚俗，尤忌粗鄙。說話貴能掌握方寸，話到嘴邊留三分，話戒太盛、太滿。第三，喜樂為美。說話是快樂的分享，主題可以很嚴肅，形式不妨放輕鬆，平易近人的態度，娓娓道來，親切有味，會令人有如沐春風的感覺。

60 讚美是成功的推手

佛光山星雲大師鼓勵信眾：「心存好心，口說好話，手做好事，腳走好話。」什麼是好話呢？所謂好話，是指對別人有幫助的話，譬如能提供資訊、增加知識、增長智慧、促進快樂、鼓勵勇氣、安慰傷痛……的話。在每一個人的生命中，都不能缺少愛的鼓勵，成功時需要祝賀的掌聲，失敗時更需要安慰和祝福，長官、父母、長輩、老師，要常常鼓勵部屬、子女、晚輩、學生，協助他們成長，發展同儕之間、夫婦之間，也需要互相打氣、互相提攜、互相鼓勵、互相安慰。

讚美表示一種肯定，一種尊重。懂得讚美別人的人，是有文化修養的人，是有豐富愛心的人，是性情善良的人，是胸襟寬厚的人。讚美是發自內心最真實的肯定、欣賞、敬佩、祝賀，而不是阿諛奉承、巴結諂媚，兩者的差別，一是看其用心，一是看其遣詞，前者是真心誠意，後者是虛情假意；前者選詞貼切，平實客觀，後者誇張虛浮，言過其實。

懂得讚美的人，不會嫉妒別人的成功，更不會惡意攻訐，批評別人，他們是衷心的祝賀，並樂於分享別人成功的喜悅，不會吝惜說出祝福道賀的話，也能以別人的成功，來勉勵自己更為努力，希望有朝一日也能齊頭並進，品嚐成功的滋味。讚美的話，對別人有益，對自己也受益。

一個人的成功，在於一個人的氣度。胸襟寬厚的人，不會嫉妒別人的成功，也不會瞧不起別人的失敗，與人為善，樂與人同，所以能夠贏得許多的友誼。懂得讚美的人，是受歡迎的人，是大家樂於親近的人，是受大家敬重的人，這樣的人當然就是做人成功的人。

懂得讚美別人的人，是有智慧的人。說讚美的話，花費最少，而回報最多，利人又利己。我們不會因為讚美別人而損失自己，我們會因為讚美別人而贏得別人的讚美、感謝。別人會讚美我們高雅的氣度，別人也會感謝我們的讚美，因為我們的讚美，使他們更能肯定自己，對自己更有信心，更會自我期許、自我鞭策，再接再厲，邁向新的高峰。

能讚美別人的人，也是有自信的人；在讚美別人的同時，並不會就否定自己的能力。讚美與奉承的不同，就是後者因為對自己沒有信心，只能藉由對別人說好聽的話、說別人愛聽的話，來得到別人不管在物質上或精神上的一點點施捨。另外，惡意批評別人的人，也往往是對自己信心不足的人，不能接受別人比自己傑出，比自己有卓越的表現。懂得讚美的人，是有自信的人，自信為成功的基礎。

我們的社會所以充滿暴戾之氣，是因為很多人捨不得讚美別人，而喜歡批評指責別人，說話不文雅，聲音粗暴嚴刻。「良言一句三冬暖，惡語傷人六月寒。」希望大家都說鼓勵的話，利人利己。

第十一篇

人生的至愛

西哲有云：

「教育之道無他，愛與榜樣而已。」

61 愛是生命的價值

生命中最大的幸福是愛與被愛。有人愛是一種幸福，有愛的人，也是一種幸福。世界上最悲慘的人，就是沒有人愛的人以及沒有可以愛的人。人生有得意的時候，也有失意的時候，得意的時候，希望有人分享成功的喜悅；失意的時候，希望有人分擔失敗的落寞，有誰能獨享一桌子的美食佳餚？有誰能面對孤寂的啃噬，而無動於衷？

愛一個人所以是幸福的理由，是因為心有所主，人生變得亮麗起來，人生有了目標，生活充滿活力、衝勁，再多的辛苦，也都能甘之如飴。為了愛，可以犧牲一切；為了愛，可以放棄所有。

被愛所以是幸福的理由，是因為心有所屬。心裡有了歸屬，就有了安全。有人呵護，有人關心，有人細膩照料，有人噓寒問暖，不真的是甜美的幸福嗎?有了愛,就擁有一切;有了愛,就天長地久。

但是,愛有時候也會成為負擔,變成痛苦。當愛錯對象、愛錯時間的時候,愛便成了煩惱傷痛的事。使君有婦,羅敷有夫,這種不倫之戀,當然就是愛錯對象、愛錯時間,當然不會有美滿的結局。另外,你愛的人不愛你,你不愛的人卻很愛你,老天常常和我們開玩笑,而且是開大玩笑,令人啼笑皆非,就像上述「落花有意,流水無情」的感情,也是愛的變調。

愛是關懷,愛是體貼,愛是包容、愛是接納,而最重要的是,愛是相互了解。有些人誤會愛的真諦,以為自己有什麼就給對方什麼,自己喜歡什麼,對方也會喜歡什麼;其實,每一個人喜歡的未必相同,每一個人需要的也不一定一樣。真實的愛,是要了解對方喜歡什麼?對方需要什麼?而能滿足對方的需要。

當然,除了了解,也要體諒。如果對方不能滿足我們的需求,而對方已經盡心盡力,就應該懷持體諒的心,以包容心接納。此外,也要學習尊重。每一個人的生活習慣不同、興趣不同、喜好不同,喜歡吃辣的人,不見得另一半也喜歡吃辣，喜歡吃甜的人，不見得另一半也喜歡吃甜。

放掉一些堅持，接納的空間就更大。各盡所能，各取所需，在愛的世界裡，也很受用，愛是尊重愛是體貼，愛是相互了解，愛也是相互妥協。

很多婚姻中的男女，為了追求完整的自己，卻只剩半個家。愛像泥偶，抓一把土，捏一個你，捏一個我，你中有我，我中有你，愛是不計較的。

愛是生命的價值，生命中如果沒有愛，生命就成了黑白，而沒有彩色；生命中如果沒有愛，生命就失去活力，失去生機。

62 愛是生活的動力

四川的震災，是世紀的浩劫，我們從電視、從報紙看到許多令人悲憫、傷痛的鏡頭和文章，也看到不少令人感動、激動的故事。一個小學老師為了保護幾名學生，自己卻犧牲了；一個年輕人為了家人的愛，奇蹟的在壓傷多日後，被救了出來。愛是生命的原動力，這個世界如果沒有愛，就會失去色彩與光芒。

愛是人類最珍貴的品質，因為有愛，所以有夫妻的結合；因為有愛，所以有兒女的孕育；因為有愛，所以有手足的天倫；因為有愛，所以有朋友的扶持；因為有愛，所以有對國家、對社會、對工作、甚至對不相識的人，有無怨無悔的奉獻與犧牲。愛是信心，愛是力量，愛是人與人之間的坦誠相待；愛是生命迸發出來的熊熊烈火，因為有愛，人生才有意義、有價值。

基督教《哥林多前書》第十三章：「愛是恆久忍耐，又有恩慈；愛是不嫉妒；愛是不自誇，不張狂，不做害羞的事，不求自己的益處，不輕易發怒，不計算人的惡。不喜歡不義，只喜歡真理；凡事包容，凡事相信，凡事盼望，凡事忍耐。愛是永不止息。」這段話不只談到個人的修養，也談到處世待人的道理。有東方聖經之稱的《論語》一書，是孔子弟子記錄孔子言行生活的書。孔子的思想，以仁為本，什麼是仁？「仁者，愛人。」仁字的意義，簡單的說，就是關愛別人，愛是一份關懷，愛是一份體貼，愛是一份包容，愛是一份接納。東西方的聖哲對愛的詮解都是相同，可見愛是人類共有的特質。

儒家講愛，從自己出發。唯自愛者能有所愛，唯自愛者才有能力愛人，唯自愛者才有條件被愛。人都有私心，沒有一個不愛自己的人，而會去愛別人。但是，愛不只是自愛而已，更重要的是要愛別人。一個人成就的大小，不在於得到多少，而在於付出多少。孔子主張己立立人，己達達人，主張己所不欲，勿施於人，這都是愛的表現。在孔子的眼中，愛的極致，是「老者安之，朋友信之，少者懷之。」普天之下，所有的老人都能得到安養；所有的朋友，都能以誠相待；所有的幼童，都能得到很好的照顧。這就是中國古代理想的大同世界。

愛是基本的人性，愛也是一種抽象的理念，很多人以為我們有什麼而給別人什麼，就叫做愛，其實，真實的愛，是別人需要什麼而我們能給他們需要的。唯有這樣愛才不會成為一種負擔，一種痛苦。

63 愛是與孩子同步成長

古代就有易子而教的說法，可見親子溝通的困難，自古已然。父母與兒女是最親密的關係，很多父母卻不知道如何和自己維持良好的親密關係，不是給的太多，就是給的太少。父母對於兒女不只是生育和養育，還要教育，很多父母不知道如何教育兒女。

家是兒女第一個學校，父母是兒女第一個老師，兒女從父母身上學到的是最早、最直接的能力，如吃飯、穿衣、說話、走路、跑步……。父母當然都是疼愛兒女的，「虎毒不食子。」父母對於兒女，都是望子成龍、望女成鳳，父母自己吃苦沒關係，再苦不要苦了下一代，父母都是希望下一代會更好。

父母對兒女的愛，常以為犧牲就是愛，付出就是愛。自己省吃節用，而盡量滿足兒女的需要？父母為了照顧家庭，給兒女家人較好的生活享受，可能夜以繼日辛勤工作，一身兼任數個工作。錢是賺到了，卻沒有時間陪兒女，讓兒女有個愉快的童年，兒女如果不能體諒父母的辛勞，可能還會埋怨父母不常在家，不常帶他們出去玩。

現代的社會，很多父母怕兒女輸在起跑點，不只很早就進托兒所、幼稚園，接受學前教育，而且還花很多錢，去學才藝課程、英語班。如果兒女不懂事，可能興趣缺缺，又很痛苦，而且抱怨沒有時間可以玩。而對於他們喜歡的玩具，也不管父母有沒有錢，如果不能滿足他們的需要，就又哭又鬧。

沒有人天生就懂，子女年紀小、不懂事，是父母應該理解的。愛他，不要寵他。父母對兒女不能太嬌寵，否則長大之後，不知人情世故，跟別人相處就很難適應。小孩子人格不成熟，一切以自我為中心，父母從小就要教育兒女，做人當然要有自己，但是不能只有自己。

子兒一直在成長，父母也要跟著兒女的成長而成長。父母不能一直站在自己的角度看待兒女，父母有時也要站在兒女的角度看待兒女，正如父母要教育兒女，不能只從自己的角度看問題，也要設身處地從別人的角度看問題。父母對於兒女，身教重於言教，自己要以身作則，作為兒女學習的榜樣，在苛責、批評、辱罵環境中成長的孩子，一定對自己沒有信心，對別人有猜忌，對社會多怨怒。以恨生恨，以愛止恨，只有愛才能撫平心靈的傷痛。

多一點時間陪孩子，多一點時間傾聽孩子的聲音，孩子雖然還不成熟，在孩子的世界也有他們自己的想法。需要不是愛，佔有不是愛、犧牲不是愛，孩子的要求並不會很多，多親親，多抱抱，給孩子安全感，是他們最需要的愛，在愛心中成長的孩子，人格才能健全完整。

以同情代替對立，以鼓勵代替批評，以讚美代替指責。愛是與孩子同步成長。

64 適當的模糊是幸福的泉源

每一對熱戀中的男女，都希望鍾愛一生，得到一輩子的幸福。但是這個社會卻愈來愈多的怨偶，婚姻上了祭壇，家庭成了祭物。過去我們常說：「願天下有情人都成眷屬。」現在我們卻要改口，「願天下眷屬都成為有情人。」這是十分諷刺的話，卻也是不爭的事實。何以如此呢？主要是夫妻的親密關係，不是太親就是太疏，不是太近就是太遠。

我們開車的人，都會注意到一句警語，「保持距離，以測安全。」不只車與車之間，要保持安全距離，人與人之間也是如此。不管是夫妻之間、兄弟之間、父子之間、師生之間、同學之間、同事之間、長官與部屬之間，以及群己之間，個人與陌生人的關係，一切的人際關係，無不應該如此。

維持良好的人際關係，要堅守「保持距離」的道理。當然，距離不能太遠，太遠就疏了；距離也不能太近，太近就膩了。美是保持適當的距離。我們欣賞一幅畫時，太遠了看不清楚，把眼睛貼在畫上面，也是看不見；我們聽一首歌，音量太小，聽不清楚，音量太大，也非常刺耳。不只藝術的美是如此，生活的美也一樣，天氣太冷或太熱，食物太鹹或太淡，都令人不舒服，都不會是美味。凡事過猶不及，偏了都不好。

每個人在這個世界上都是獨立存在的個體，每個人都有自己的個性，每個人都有自己的尊嚴，每個人都希望得到別人的尊重。

在結婚典禮的賀詞中，我們常聽到「相敬如賓」這句話，意指夫妻的相處要互相尊重。每個人各是一個圓，兩性的結合，並不是兩個圓重疊在一起，而是兩個圓交叉在一起，有共相、有殊相，有共同生活的空間，也有隱密的個人自由。夫妻結合，如果兩個圓還是各自的兩個圓，當然是不好，日子久了，就會「相見如冰」；如果兩個圓緊密相疊，彼此沒有自己獨立的空間，也會壓力緊迫，呼吸困難，唇舌相咬，遲早會是「相向如兵」。

家庭幸福的密碼，不是每個家庭成員都把對方釘得緊緊的，也不可能天天膩在一起，寸步難離。重視對方的存在，尊重對方的自由，保持適當的距離，才是幸福之道。同時，不只是保持適當的距離，也要有適當的模糊。人與人之間的爭執，主要因為太計較。家人之間，往往因為一些芝蔴小事而爭得面紅耳赤，甚至大打出手，婚前什麼都能將就，婚後什麼都不能忍耐。結婚以前，對方的優點是優點，對方的缺點也是優點；結婚以後，對方的缺點是缺點，對方的優點也是缺點。人生是計較不完的，適當的模糊各退一步，就相安無事了；如果錙銖必較，強分彼此，一定弄得劍拔弩張，充滿怨怒之氣。

65 信仰是心靈的燈塔

人生的存在，有種種的限制，有種種的煩惱與痛苦。人是經常被放置在充滿貧乏、恐懼、不安的環境之中，人要如何才能免於貧乏？免於恐懼？免於不安？人生有許多的生離死別，人生有許多的情牽與物累，人要如何才能擺脫、放下種種的煩惱與痛苦？這些問題都是令人十分困惑。

人在物質方面的努力，只能解決一時的問題、一部分的問題，人不能從物質方面，解決所有的人生問題，更何況人有時連最基本的物質問題，都難以解決。人只有從精神上的努力，才能根本解決人生的各種困惑和疑慮，煩惱與不安。

宗教信仰毫無疑問是人從精神上努力的方向之一。信仰是一道光，一個有信仰的人，可以燭見自己的過去、現在和未來，知所取捨，心安理得。人從信仰得到信心，得到力量，這股信心與力量，真實的說，並不是來自天意，而是來自自己，自己對自己沒有信心，而以天意為信心，自己沒有力量，而以天意為力量。天意是抽象的存在，信仰來自內心的虔誠。任何一個驕傲的人，在上帝面前都學會謙卑；任何懦弱的人，在神的面前，都得到勇氣。不過，真正的力量，不是別人給的，不是神賜的，是自己內在的潛能激發出來的。

沒有信心的人，不能產生力量，而只有自己能給自己信心，因而產生力量。人在信仰中，找到自我。信仰是一面鏡子，能真實面對自己的人，才能找到自己，信仰教導我們不自欺、不欺人，因此，信仰不是力量，是力量的源；信仰不能產生信心，信仰是獲得信心的基礎。

人因為有信仰，而能了解自己、看清自己；人因為有自知之明，所以才能獲得信心，產生力量。人因為對心中的疑慮、困惑、煩惱、不安，一一解脫釋放，所以便自得自在，擁有一顆自由的心靈。信仰的意義，不是我們要從神或上帝那裡得到多少好處，而是藉著對神與上帝的敬重，知道自己能做什麼？不能做什麼？該做什麼？不該做什麼？

人生有信仰，不是對神明盲目的崇拜，而是對神明真誠的敬重；人生有信仰，不是對自己信心的迷失，而是對自己信心的渴望，因為有信仰而找回自己失落的信心。

人生有信仰，就會體念自己在天地間的角色，就會對天地覆載萬物、化育萬物的神奇，表現真誠的敬重，而不會無知與狂妄，不是盲目的表示畏懼的心理，就是狂亂的目空一切，不曉得敬重天意。天意不是我們能掌握的，命運不是我們能預知的，但是因為有信仰，所以我們能夠順應天意、承受命運的安排。

到處林立的教堂、廟宇、道觀，十足證明我們是個開放的國家，你愛信什麼教，就去信什麼教，人人宗教自由。走進廟裡，走進教堂，各種身分、各種年齡的信徒、教友，非常虔誠的跪拜在他們所信仰的神與上帝之前，每個人有自己的心願和傾訴。信仰像是心靈的燈塔，指引世人的迷津。

66 教育是愛與榜樣

西哲有云：「教育之道無他，愛與榜樣而已。」教育是愛的事業，是愛的傳播。老師對待學生，視如自己的子女、弟妹、師生之情，宛如家人的親情。親情是天下最珍貴、最偉大的感情，師生之情也是如此。天下有兩種人對別人的成就，不會嫉妒，只會欣喜，一個是父母，一個是老師，老師與父母對學生、對兒女的付出，是無怨無悔，不求回報。

教育的工作，一天二十四小時不打烊，全年三百六十五天全年無休。學生晚上打電話給老師問功課，老師不會說已經下班，明天再說；寒暑假課輔班，老師也不會因是假期，找理由不上課。一個負責任的老師，不會像其他的行業，朝九晚五，準時上下班。

老師對學生的愛，不只表現在課業的學習，而且更在生活上的關心。希望學生養成好習慣、培育好品德，比學業的進步、升學的目標，更為殷切關注。

言教重於身教。老師不只是努力教導學生做人做事的道理，更是自己要做個好榜樣，以身作則，成為學生學習的對象。如果老師自己不進修，如何能要求學生努力讀書呢？如果老師自己衣服不整潔、不端莊，如何能要求學生的服裝儀容都要有規矩呢？身為教師，一如父母，一定要給學生、兒子樹立好的榜樣。

老師是一面鏡子，學生透過老師這面鏡子，看見他們的未來，老師是理想的化身，老師是成就的標竿。因為有老師做出好的榜樣，所以才能指引學生正確的人生指標，確立正確的努力方向。學生像是航行在大海中的船隻，因為有老師這座燈塔，才不會迷航，不會茫然失措。

每一個生命都很莊嚴，都應該被尊重。雖然每一個學生的家庭背景不同，有貴賤貧富的差別；每一個學生的長相、健康、智慧也不一樣，有美醜、智愚、健康不健康的分殊。但是，在教室裡面，眾生平等，每個學生都應該一體看待。我們如果看不起那個學生，就是教那個學生不必去尊重別人，這是最不好的教育。

教育從尊重開始。老師尊重學生，也才能得到學生的尊重。尊重是愛的表現。教育的愛，就是無私的付出，教育的愛，無怨無尤。教育的愛，因為是無私的付出，所以也得到學生無盡的回報，終其一生，感念不已。教育的愛，無怨無尤，所以老師的工作雖然非常辛苦，卻能樂在其中，樂此不疲。

當然，教育的工作，最重要的是要建立好的榜樣，讓學生有樣學樣，也能成為別人的榜樣。教育之道，薪火相傳，源源不絕。

華志文化事業有限公司
HUACHIH CULTURE CO., LTD
116 台北市文山區興隆路 4 段 96 巷 3 弄 6 號 4 樓
E-mail： huachihbook@yahoo.com.tw 電話：(886-2)22341779

【華志 2013-3 月圖書目錄】

書號	書名	定價	書號	書名	定價
			健康養生小百科 18K		
A001	圖解特效養生 36 大穴（彩色）	300 元	A002	圖解快速取穴法（彩色）	300 元
A003	圖解對症手足頭耳按摩（彩色）	300 元	A004	圖解刮痧拔罐艾灸養生療法(彩）	300 元
A005	一味中藥補養全家（彩色）	280 元	A006	本草綱目食物養生圖鑑（彩色）	300 元
A007	選對中藥養好身（彩色）	300 元	A008	餐桌上的抗癌食品（雙色）	280 元
A009	彩色針灸穴位圖鑑（彩色）	280 元	A010	鼻病與咳喘的中醫快速療法	300 元
A011	拍拍打打養五臟（雙色）	300 元	A012	五色食物養五臟（雙色）	280 元
A013	痠痛革命	300 元	A014	你不可不知的防癌抗癌 100（雙）	300 元
A015	自我免疫系統是最好的醫院	270 元	A016	美魔女氧生術（彩色）	280 元
			心理勵志小百科 18K		
B001	全世界都在用的 80 個關鍵思維	280 元	B002	學會寬容	280 元
B003	用幽默化解沉默	280 元	B004	學會包容	280 元
B005	引爆潛能	280 元	B006	學會逆向思考	280 元
B007	全世界都在用的智慧定律	300 元	B008	人生三思	270 元
B009	陌生開發心理戰	270 元	B010	人生三談	270 元
B011	全世界都在學的逆境智商	280 元	B012	引爆成功的資本	280 元
B013	每個人都要會的幽默學	280 元	B014	潛意識的智慧	270 元
B015	10 天打造超強的成功智慧	280 元			
			諸子百家大講座 18K		
D001	鬼谷子全書	280 元	D002	莊子全書	280 元
D003	道德經全書	280 元	D004	論語全書	280 元
			休閒生活館 25K		
C101	噴飯笑話集	169 元	C102	捧腹 1001 夜	169 元
			生活有機園 25K		
E001	樂在變臉	220 元	E002	你淡定了嗎？不是路已走到盡頭，而是該轉彎的時候	220 元
E003	點亮一盞明燈：圓融人生的 66 個觀念	220 元			

口袋書系列 64K					
C001	易占隨身手冊	230 元	C002	兩岸用語繁簡體對照表	200 元

【華志 2013-3 月純電子書目錄（未出紙本書）】

書號	書名	定價	書號	書名	定價
人物館					
E001	影響世界歷史的 100 位帝王	300 元	E002	曾國藩成功全集	350 元
E003	李嘉誠商學全集	300 元			
歷史館					
E101	世界歷史英雄之謎	280 元	E102	世界歷史宮廷之謎	280 元
E103	為將之道	280 元	E104	世界歷史上的經典戰役	280 元
E105	世界歷史戰事傳奇	280 元	E106	中國歷史人物的讀心術	280 元
E107	中國歷史文化祕辛	280 元	E107	中國人的另類臉譜	280 元
勵志館					
E201	學會選擇學會放棄	280 元	E202	性格左右一生	280 元
E203	心態決定命運	280 元	E204	給人生的心靈雞湯	280 元
E205	博弈論全集	350 元	E206	給心靈一份平靜	280 元
E207	謀略的故事	300 元	E208	用思考打造成功	260 元
E209	高調處世低調做人	300 元	E210	小故事大口才	260 元
軍事館					
E301	世界歷史兵家必爭之地	280 元	E302	戰爭的哲學藝術	280 元
E303	兵法的哲學藝術	280 元			
中華文化館					
E401	中華傳統文化價值觀	260 元	E402	人生智慧寶典	280 元
E403	母慈子孝	220 元	E404	家和萬事興	260 元
E405	找尋中國文化精神	260 元			
財經館					
E501	員工的士兵精神	250 元			

心理勵志小百科好書推薦

全世界都在用的80個
關鍵思維NT：280

學會寬容
NT：280

用幽默化解沉默
NT：280

學會包容
NT：280

引爆潛能
NT：280

學會逆向思考
NT：280

全世界都在用的智慧
定律 NT：300

人生三思
NT：270

陌生開發心理戰
NT：270

人生三談
NT：270

全世界都在學的逆境
智商NT：280

引爆成功的資本
NT：280

每個人都要會的幽默學
NT：280

潛意識的智慧
NT：270

10天打造超強的成功智慧
NT：280

國家圖書館出版品預行編目資料

點亮一盞明燈：圓融人生的66個觀念／朱榮智教授作.－－初版.－－ 新北市：華志文化，2013. 04
面； 公分.－－（生活有機園；3）
ISBN 978-986-5936-38-9（平裝）

1. 人生哲學

191.9 102003116

華志文化事業有限公司

系列／生活有機園 003
書名／點亮一盞明燈：圓融人生的66個觀念

作者 朱榮智教授
執行編輯 林雅婷
美術編輯 黃美惠
文字校對 陳麗鳳
企劃執行 康敏才
總編輯 黃志中
社長 楊凱翔
出版者 華志文化事業有限公司
電子信箱 huachihbook@yahoo.com.tw
地址 116 台北市文山區興隆路四段九十六巷三弄六號四樓
電話 02-22341779

總經銷商 旭昇圖書有限公司
地址 235 新北市中和區中山路二段三五二號二樓
電話 02-22451480
傳真 02-22451479
郵政劃撥 戶名：旭昇圖書有限公司（帳號：12935041）
電子信箱 s1686688@ms31.hinet.net

出版日期 西元二〇一三年四月初版第一刷
售價 二〇〇元

華志文化

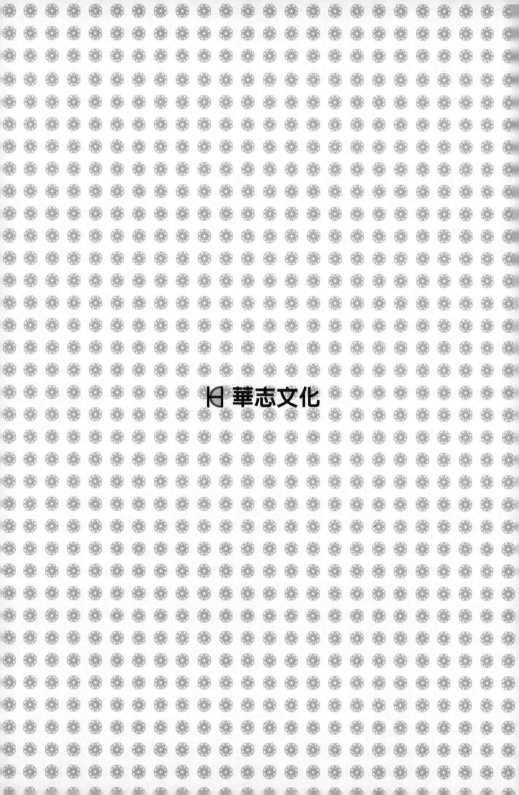

華志文化

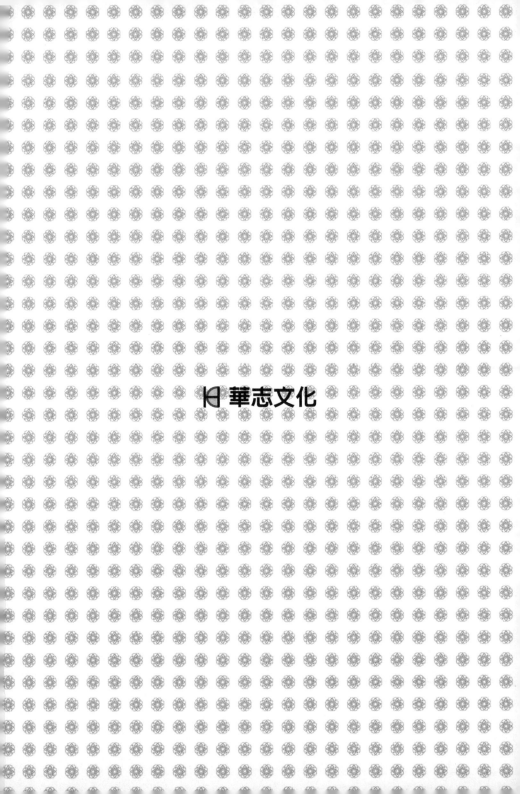